Was sich die Bremer
am Herdfeuer erzählten

W0088174

Hermann Gutmann

Was sich die Bremer am Herdfeuer erzählten

Sagen und Geschichten aus Bremen und »umto«

EDITION TEMMEN

Die Deutsche Bibliothek verzeichnet diese Publikation in der
Deutschen Nationalbibliografie; detaillierte bibliografische Daten
sind im Internet über http://dnb.ddb.de abrufbar.

ISBN 978-3-86108-351-1

1. Auflage 2007

Titelillustration: Peter Fischer

© 2007 Edition Temmen
28209 Bremen – Hohenlohestr. 21
Tel. 0421-34843-0 – Fax 0421-348094
info@edition-temmen.de
www.edition-temmen.de

ISBN 978-3-86108-351-1

Inhalt

Brombeerbüsche standen Pate bei der Namensgebung von Bremen

Es muss ja nicht alles geglaubt werden, was so an den Herdfeuern erzählt worden ist. Aber die folgende Geschichte klingt ganz einleuchtend.

Danach haben Fischer aus Wildeshausen Bremen gegründet und erbaut.

Wissen Sie, es war nämlich so, dass die Fischer aus Wildeshausen nicht mehr genug Fische in der Hunte fingen. Sie waren jedenfalls mit ihren Fängen nicht mehr zufrieden, und ihre Familien konnten mitunter vor Hunger nicht in den Schlaf finden.

So suchten denn die Fischer aus Wildeshausen ein neues Jagdrevier.

Sie fanden es an der Weser, die sie ja automatisch erreichten, wenn sie hunteabwärts immer der Nase nach fuhren. Denn die Hunte fließt, wie Sie wissen, in die Weser.

Die Fischer nahmen, nachdem sie die Mündung der Hunte in die Weser erreicht hatten, Kurs Steuerbord. Sie fuhren mit ihren Schiffen nach rechts, nicht wahr? Ich habe ausdrücklich noch einmal nachgekuckt, denn mit Steuerbord und Backbord hat schon so mancher Kapitän seine Schwierigkeiten gehabt.

Also, die Fischer fuhren nach rechts, weseraufwärts, und nach einiger Zeit erreichten sie eine Düne, die sich unbebaut am rechten Weserufer erstreckte.

Nun hatten sie sich aber ein bisschen in der Zeit vertüddelt.

Es wurde Abend, und an eine Rückfahrt nach Wildeshausen war nicht zu denken.

Daraufhin bauten sie sich auf der Düne ein paar Hütten aus Bram. Denn am Rande der Düne fanden sie nichts als Bram, was immerhin besser war als gar nichts.

Bram, na ja, das sind Brombeer- und Ginsterbüsche. Diese Büsche sind ziemlich ungemütlich, denn das Zeug ist stachelig und sticht in Hände und Gesicht.

Aber was sollten die Fischer machen? Es war nun mal nichts anderes da.

Und obwohl sie am nächsten Morgen ziemlich zerkratzt aufwachten, fanden sie die Gegend gar nicht so unwirtlich.

Im Gegenteil.

Und was sie an Fischen aus der Weser holten, war nicht von schlechten Eltern.

Sie sagten sich: »Mensch, lass uns doch hier bleiben. Fisch ist genug da, und irgendwann bauen wir uns vernünftige Häuser.«

Und das ist dann auch geschehen.

Die Fischer aus Wildeshausen holten ihre Familien nach, bauten sich auf der Düne, auf der heute der Bremer Dom steht, wetterfeste Hütten, die vor allem nicht stachelig waren, und machten gute Geschäfte mit Weserlachs, Weserbutt, Stint, Aal und was die Weser sonst noch an Herrlichkeiten zu bieten hatte.

Ihre neue Heimat aber nannten sie »Bram«. Daraus wurde im Laufe der Zeit »Bramen«, »Brämen« und schließlich »Bremen«. Und wenn man den Bremern

genau zuhört, kommt man dahinter, dass sie das »en«
auch heute noch verschlucken. Sie sagen nämlich:
»Brem«.

Das Stachelige ist aus dem Namen verschwunden.
Aber ein bisschen stachelig kann Bremen auch heute
noch sein, wenn auch wirklich nur ein bisschen.

Bremen war eine polnische Grenzgarnison

Also, nun mal ganz langsam – Bremen eine polnische Grenzgarnison.

Herr Martinus Cromerus war Bischof zu Ermeland in Preußen. Das Ermeland war ein Landstrich im (später) ostpreußischen Regierungsbezirk Königsberg, gelegen zwischen Frisching, Passarge, dem Frischen Haff und Alle. Die Alle ist ein linker Nebenfluss des Pregels, ungefähr 290 Kilometer lang. Aber das ist an dieser Stelle nicht so wichtig.

Der hochwürdige Herr Martinus Cromerus war im Übrigen auch nicht so wichtig – aus der Sicht der Kirche. Aber er hat ein Buch über die Abkunft und über die Taten der Polen geschrieben.

Und in diesem Buch erzählt er nun, dass sich der Name des Ortes Brema, den wir heute als Bremen kennen, aus dem polnischen Wort Brzemie entwickelt hat. Und Brzemie bedeutet »Last«, worauf wir noch zu sprechen kommen werden.

Außerdem schreibt Cromerus über einen Herrn Lechus. Diesen Namen hat er bei Bernhardus Vaponius gelesen, aber aus welchen Quellen der geschöpft hat, weiß Martinus Cromerus auch nicht. Doch soll Herr Lechus sehr vornehm gewesen sein. Und weil die Polen insgesamt sehr vornehm sind, wurden sie von ihren Nachbarn bis in unsere Zeit hinein als Lechen bezeichnet.

Aber darum geht es jetzt ebenfalls nicht, denn wir schreiben ja keine polnische Geschichte. Es geht vielmehr um Herrn Lechus, der nicht nur vornehm war, sondern auch streitlustig. Und ständig hat er sich mit den Deutschen angelegt.

Dabei hat er sogar sehr glücklich agiert.

Die Deutschen waren ihm nicht gewachsen, und als es ihm schließlich gelang, einen der großen deutschen Feldherren, der Rhenlo hieß – was aber nichts mit dem Rhein zu tun zu haben scheint – zu schlagen, war für ihn der Weg frei bis weit nach Deutschland hinein.

Und ob Sie es glauben oder nicht, Herr Lechus überschritt mit seinen Soldaten die Elbe und kam bis an die Weser.

Die Weser war danach die Grenze seines großen Reiches, von dem heute nur noch, sagen wir mal, die Kaschubische Schweiz übrig geblieben ist.

Die Kaschubische Schweiz liegt südwestlich von Danzig. Sie ist ein wald- und seenreicher pommerscher Höhenrücken.

Die Kaschuben sprechen Kaschubisch, jedenfalls einen der sechs kaschubischen Dialekte, in denen auch deutsche Anklänge zu hören sind (oder umgekehrt), und Kaschubisch gehört zu den lechischen Sprachen.

So, und nun geht's mal eben weiter.

Der Feldherr Lechus ließ am Ufer der Weser eine Stadt bauen, sozusagen eine polnische Garnison, die er wegen der Last stetiger Besatzung, die darin gehalten werden musste, Brzemie nannte.

Die Nachkommen des Lechus haben bis ins siebte Jahrhundert hinein regiert.

Also das – um das noch einmal zu sagen – hat der Bischof Martinus Cromerus bei Bernhardus Vaponius abgeschrieben, obwohl er – um das auch zu sagen – dem Vaponius nicht über den Weg traute.

Aber ob nun Herr Cromerus den Herrn Vaponius als schrägen Vogel bezeichnet hat, was dessen historische Glaubhaftigkeit betraf, und ob es Herrn Lechus je gegeben hat oder den Herrn Rhenlo – wir wollen uns darüber nicht streiten.

Wir wissen dagegen von einem Herrn Leszeks, was ja ähnlich klingt. Aber Herr Leszeks, der der Sohn des polnischen Königs Kasimir war, lebte Anfang des 13. Jahrhunderts, und da war Bremen mit Sicherheit keine polnische Garnison.

Außerdem beginnt die polnische Geschichte nach den ältesten Aufzeichnungen Mitte des 10. Jahrhunderts.

Dass aber die Stadt Brzemie an der Weser eine Last ist, das wollen wir ohne weiteres unterschreiben. Daran hat sich im Laufe der Zeit auch nicht viel geändert Zeugen haben wir genug.

Fragen Sie in Berlin.

Der Riese Hüklüt hat die Menschen nicht nur in Bremen jahrhundertelang beschäftigt

Es gibt viele Geschichten über den Riesen Hüklüt. Im Grunde sind sie alle gleich. Doch es gibt immer wieder neue Gedanken, die es verdient haben, berücksichtigt zu werden.

Nach unserer neuesten Version lebte der Riese Hüklüt nicht allein. Er war verheiratet und hauste mit seinem Riesenweibe in einer Höhle im Harz.

Von dort aus suchte er den gesamten alten Reichskreis Niedersachsen heim – und das war ein ziemlich großes Feld, fast doppelt so groß wie das heutige Bundesland Niedersachsen.

Hüklüt trug eine Schürze, die ihm sein Weib aus Ochsenfellen, immer je zehn übereinander, genäht hatte. Darin konnte er an die tausend Ochsen auf einmal wegschleppen. Und die Ochsen brauchte er, denn er wurde ständig von einem großen Hunger geplagt.

Aber am liebsten aß er Menschenfleisch.

Unter diesen Umständen kann man sich ungefähr vorstellen, wie die Leute im Niedersächsischen gezittert haben, wenn sie schon von fern her das Stampfen der gewaltigen Riesenbeine näherkommen hörten.

Der Sachsenherzog Rudbrok, der damals im Lande herrschte, zog die Notbremse und versprach dem, der den Riesen Hüklüt unschädlich mache, seine eigene Tochter, die Prinzessin Meta, zur Frau.

Eines Tages feierte der Herzog ein Fest auf dem Blocksberg, zu dem er viele seiner Untertanen eingeladen hatte. Sie brachten ihm reiche Geschenke, und auch ein armer Bremer Fischer, der Dietrich hieß und gar nicht eingeladen worden war, brachte dem Herzog seine Gaben. Möglicherweise waren es ein paar Weserbutt.

Doch plötzlich wurde das Fest unterbrochen. Es gab es ein großes Geschrei unter den Leuten: »De Hün kummt! De Hün kummt!«

Alles stob auseinander. Doch zwei Menschen bekam der Riese Hüklüt zu fassen: den armen Fischer Dietrich und die reiche Prinzessin Meta.

Da er nun aber schon tüchtig zu Abend gegessen und keinen Appetit auf Menschenfleisch mehr hatte, beschloss er die beiden niedlichen Menschlein als Spielzeug zu halten. Seine Frau bekam Meta und er behielt Dietrich.

Dietrich aber ergab sich nicht so ohne weiteres in sein Schicksal.

Er überredete den Riesen zu einer Reise in den Norden, nämlich in seine Heimat. Dort, wo er sich verständlicherweise gut auskannte, wolle er ihm etwas Wunderbares zeigen.

Hüklüt war einverstanden, setzte Dietrich auf seinen Kopf, dass er ihm den Weg weise, und der hielt sich in dem Buschwald von Riesenhaaren fest.

Nach wenigen hundert Schritten hatten sie Bremen erreicht, und der Fischer riet dem Riesen, seine Schürze mit Bremer Dünensand zu füllen, denn er werde ihn brauchen.

Der Riese machte gutmütig alles mit.

Sie wanderten weiter nach Norden, und dort, wo Hamme und Wümme sich die Hand reichen zum Ehebunde, um fortan als Lesum in die Weser zu fließen, wollte Hüklüt über die Wümme schreiten. Dabei glitt ihm ein Zipfel seiner riesigen Schürze aus der Hand und ein Haufen Dünensand fiel zu Boden.

Hüklüt blickte aus seiner Höhe hinunter und sagte verächtlich zu Dietrich: »Dar koent noch mal wecke von dien Art up horsten!«

Und das ist auch geschehen. Die Ansiedlung auf diesem Hügel wurde später »Horst« genannt, und weil sie überall von Wasser umgeben war, wurde Wasserhorst daraus.

Sie zogen weiter ostwärts, und Dietrich gab seinem Träger den Rat, er solle ihn von seinem Kopf herunter auf die Erde heben, damit er vorauslaufen könne, um den Boden zu untersuchen.

Denn, so erzählte er dem Riesen wahrheitsgemäß, der Boden, der aus Moor bestehe, sei nicht überall fest. Selbst für die kleinen Menschen könne es kritisch werden.

Hüklüt verstand, lobte die Vorsicht seines Spielzeugs, und so lief Dietrich voraus, immer schneller, immer schneller, und als er weit genug weg war, rief er: »Nun komm her! Der Weg ist gut.«

Der Riese sprang mit einem gewaltigen Satz – mitten ins Moor!

Er sank sofort bis an die Hüften ein, so dass er sich nicht mehr befreien konnte.

Dietrich aber lief weg, so schnell er laufen konnte.

Er kümmerte sich nicht weiter um seinen Quälgeist, der wütend allen Sand, den er noch in seiner Schürze hatte, nach ihm schleuderte.

Aber in seiner Wut zielte er nicht gut genug. Er warf vorbei – zu Dietrichs Glück.

Der aber lief in die Häuser der Menschen und rief: »Hüklüt sitt in't Moor!«

Sie kamen alle und sahen das scheußliche Ungetüm, das ihnen so böse Stunden bereitet hatte, langsam im Moor versinken.

Inzwischen hatte sich auch Prinzessin Meta aus der Gewalt des dummen Riesenweibes befreit.

Sie kehrte zurück zu ihrem Vater, dem Herzog Rugbrok.

Dort war inzwischen auch die Nachricht eingetroffen, dass der arme Fischer Dietrich den Riesen Hüklüt in eine tödliche Falle gelockt hatte.

Überall im Land atmeten die Menschen auf.

Der Herzog Rugbrok machte sein Versprechen wahr: Dietrich erhielt Prinzessin Meta zur Frau, und sie wurden die glücklichsten Menschen der Welt.

Das Moor aber, worin Hüklüt versunken war, nannten die Leute fortan »dat Dübelsmoor«, und als sie den hohen Sandberg erblickten, den der Riese nach Dietrich geworfen hatte, sagten sie: »Den hett de Wind dar henweiht!«

Sie nannten ihn den »Weyerbarg«.

Das Wunder des Missionars Willehad

Er war damals, als diese Geschichte passierte, noch ein einfacher Missionar, der fromme Willehad. Später wurde er Bischof in Bremen und machte sich einen Namen durch seine Genügsamkeit, die er allerdings auch seinen Schäfchen empfahl, was aber nicht unbedingt nach deren Geschmack war. Doch das gehört nicht hierher.

Willehad war auf seinem Weg von England, woher er stammte, nach Nordwestdeutschland gekommen und an der Unterweser sozusagen hängen geblieben.

Dort nun, wo heute - gegenüber von Bremerhaven - das kleine Dorf Blexen liegt, das inzwischen zu Nordenham gehört, predigte er vor tauben Ohren das Evangelium. Denn die Leute waren Heiden und glaubten an Wotan und Genossen.

Willehad ließ sich jedoch nicht beirren und ertrug sogar den Spott der Heiden, die schließlich von ihm verlangten, dass er sie ein Wunder seines Gottes sehen lassen solle. Wenn ihm das gelänge, na gut, dann wollten sie ihm glauben.

Wenn er aber seinen prahlerischen Worten keine Taten folgen lassen werde, dann würden sie ihn als einen Lügner und Betrüger totschlagen.

Willehad wusste, dass die heidnischen Kerle keinen Augenblick zögern würden, ihm den Garaus zu machen. Sie warteten ja schon darauf.

Er geriet in Verlegenheit - nicht, weil er sein Leben liebte, nein, nein, sein Leben hätte er gern gegeben, wenn er ihnen damit einen geistlichen Nutzen hätte verschaffen können. Aber das war's ja nicht. Die hätten sich am Ende gefreut, wenn sie den ewig fromme Lieder singenden Quälgeist losgeworden wären.

In seiner Not wandte sich Willehad mit einem inbrünstigen Gebet an den lieben Gott. Und der erhörte das Gebet.

In der kommenden Nacht träumte er, dass nahe bei seiner Kapelle, die er in Blexen gebaut hatte, in der Erde eine reine Quelle süßen und gesunden Wassers sei, das man sonst in dieser Gegend nirgends hatte.

Die Stelle wurde ihm im Traum genau gezeigt. Er brauche nur mit einem Stock in die Erde zu stoßen, und schon werde die Quelle zum Vorschein kommen.

Willehad glaubte dem Traum aufs Wort. Er rief die Heiden herbei und teilte ihnen mit, dass er sie ein göttliches Wunder sehen lassen wolle.

Er nahm seinen Stock und sprach: »Ihr sehet, dass hier überall kein Wasser fließt. Wenn ich nun aber meinen Stock in die Erde stoße, so soll hier frisches und klares Wasser hervorsprudeln.«

Er stieß den Stock in die Erde, und als er ihn wieder herauszog, kam reines süßes Trinkwasser aus dem Loch hervor.

Die Heiden tranken davon und mussten zugeben, dass es köstlich war.

Von nun an begannen sie, an die Lehren des Evangeliums und auch an die göttlichen Wunder zu glauben.

Willehad grub die Quelle größer und es wurde ein Brunnen daraus.

Um diesen Brunnen herum entstand das Dorf Blexen, wohin sich Willehad immer wieder hingezogen fühlte. Auch als er später Bischof war.

In Blexen ist er am 8. November 789 gestorben, kurz nachdem er die Blexener Kirche geweiht hatte.

Eine weiße Taube rettete den heiligen Ansgar

Im Jahre 847, als der dritte Bremer Bischof Leuderich bereits seit zwei Jahren in der Ewigkeit weilte und sich die Bremer wieder ihren alten Göttern zugeneigt hatten, wandte sich der heilige Ansgar, der Apostel des Nordens, von Hamburg nach Bremen, um dort sein Bekehrungswerk fortzusetzen. Außerdem wollte er seinen Erzbischofssitz nach Bremen verlegen. Denn Hamburg war wegen der häufigen Normanneneinfälle ein unsicheres Pflaster geworden.

In Bremen angekommen, verkündete er den Sachsen Tag für Tag das Christentum – allerdings ohne sichtbaren Erfolg.

Eines Tages stand er unter einer den Heiden heiligen Eiche und predigte von dort aus zu den Bremern, die sich mehr aus Neugier als aus Verlangen nach der neuen Lehre versammelt hatten.

Tatsächlich gelang es ihm, einige der Anwesenden zu bekehren, die sich seinen machtvollen Worten nicht verschließen konnten.

Andere aber erhoben Stimmen des Zweifels gegen ihn und seine Lehre. Ja, einige verspotteten ihn sogar. Sie drohten mit roher Gewalt und machten Miene, ihm an die Wäsche zu gehen.

Nun hatte Ansgar zwar immer gehofft, ein Märtyrer zu werden, aber doch nicht so bald.

Er sank auf die Knie und bat den lieben Gott um ein Zeichen, vor dem der Heiden Spott zunichte werde.

Kaum hatte er sein Gebet beendet, da verdunkelte sich der Himmel. Donner rollte, ein Blitzstrahl zuckte hernieder und entzündete die Eiche, unter deren Laubdach Ansgar gepredigt und gebetet hatte. In Sekundenschnelle verwandelte sich der Baum in eine einzige große Flamme.

Aus den brennenden Zweigen des Baumes aber flatterte eine schneeweiße Taube hervor. Sie setzte sich zutraulich auf die Schulter des Gottesmannes, der unverletzt geblieben war, obwohl er dicht neben dem Stamm der Eiche stand.

Die Bremer sanken verblüfft zu Füßen des heiligen Ansgar nieder.

Alle ihre Zweifel waren gewichen. Und der tüchtige Erzbischof musste Leute anheuern, um Wasser aus der Weser zu holen – Taufwasser, versteht sich.

Auf dem Platz aber, wo sich das Wunder zugetragen hatte, wurde die Hauptkirche Bremens erbaut, die den Namen des Apostels, St. Ansgarii, erhielt.

Der Erzbischof von Bremen
fährt zum Hekla

Der 1491 Meter hohe Hekla, der im Mittelalter auch Heckelberg genannt wurde, gehört zu den aktivsten Feuerbergen Islands. Er liegt am Ufer des Pjorsa, dem mit 230 Kilometern längsten Fluss Islands. Meistens ist der Hekla in eine Wolke gehüllt.

Es ist ein sagenhafter Berg, wie vieles auf Island sagenhaft ist.

Einmal, fast tausend Jahre ist es her, segelte ein Fischer an dem Berg vorbei. Dabei begegnete ihm ein anderes Schiff, das ihm sehr fremd erschien.

Er fragte den Schiffer, wo er herkäme und wer er sei.

Zur Antwort bekam er: »Ich habe den Erzbischof von Bremen an Bord! Sein Ziel ist der Heckelberg.«

Zunächst konnte der Fischer damit gar nichts anfangen.

Später erfuhr er, dass der Erzbischof von Bremen eben an diesem Tage mit dem Tode abgegangen war.

Reise ins Abenteuer

Oh, es ist lange her.

Lassen Sie uns mal rechnen!

Es muss in der Zeit des Erzbischofs Bezelin gewesen sein, der auch Alebrand genannt wurde und in dieser Geschichte erwähnt wird.

Bezelin regierte von 1035 bis 1043.

Er hätte noch weiterregieren können, wenn er nicht an einem kalten Märztag des Jahres 1043 barfuß von Osterholz-Scharmbeck nach Bremen gegangen wäre.

Logisch, dass er sich erkältete. Er musste ins Bett und ist nicht wieder aufgestanden.

Eine traurige Geschichte, die wir aber gleich wieder vergessen können, denn es geht eigentlich um etwas ganz anderes.

Nämlich zu der Zeit, da Bezelin regierte, schifften sich in Bremen einige vornehme und wagemutige friesische Männer ein, um das Meer zu durchstreifen.

Sie fuhren nach Norden, um zu erkunden, ob es stimmt, was die Alten erzählten, nämlich dass sich von der Mündung der Weser in Richtung Norden nur das grenzenlose Meer erstreckte. Weit und breit kein Land in Sicht.

Nun gut, sie wussten von Dänemark, wo sie aber nicht unbedingt hinwollten.

Sie nahmen mit fröhlichem Ruderschlag Kurs Britannien, machten Station auf den Orkneyinseln, die heute noch so unwirtlich sind wie damals, und erreichten Island.

Von dort aus durchfuhren sie das Nordmeer, näherten sich dem Nordpol und gerieten plötzlich in einen finsteren Nebel.

Ihr Schiff wurde in eine gewaltige Strömung gerissen und von einem Strudel erfasst, in den – so wird erzählt – alle Rückströmungen des Meeres verschlungen werden. Anschließend wurden sie wieder ausgespien. Heute nennt man diese Prozedur prosaisch Ebbe und Flut.

Einige der Schiffe gerieten in den Sog des Abgrundes, während die anderen, mit denen es der liebe Gott gut meinte, mit einem anderen Strudel in ungefährliche Gewässer getrieben wurden.

Sie nahmen unverhofft Kurs auf eine Insel mit hochragenden Klippen. Dort fanden sie einen kleinen Hafen, machten dort fest und gingen neugierig an Land.

Zunächst glaubten sie, die Insel sei unbewohnt. Dann entdeckten sie, dass sich die Insulaner zur Mittagszeit in unterirdischen Höhlen verbargen.

Vor ihren Türen lagen unermesslich viele goldene Gefäße mit harten Talern darin. Die friesischen Seefahrer griffen lustig zu und wollten danach eilig und froh an Bord zurückkehren.

Da sahen sie hinter sich Menschen von gewaltiger Größe auftauchen. Es waren unzweifelhaft mächtige Riesen.

Vor diesen Riesen aber liefen Hunde, die ebenfalls unglaublich groß waren, weitaus größer als Pferde, und obendrein auch noch schneller. Die Tiere erreichten knurrend und bellend einen der friesischen

Männer, der offenbar fußkrank war, und zerfleischten ihn.

Die anderen Seeleute retteten sich auf ihre im Hafen liegenden Schiffe, machten sie los und legten sich ins Ruder. Auf diese Weise entrannen sie der Gefahr, obwohl die Riesen, wie die Seeleute hinterher erzählten, ihnen bis aufs hohe Meer hinaus laut schreiend folgten.

Die Friesen kehrten nach Bremen zurück und erzählten dem Erzbischof Bezelin, was sie erlebt hatten.

Ihre goldene Beute vermachten sie als Dankopfer der Kirche.

Der tote Richter, der unentwegt nach dem Fährmann ruft

Zwei Brüder, die in ihrer dörflichen Heimat keine Chance sahen, ihr Leben einigermaßen in den Griff zu bekommen, machten sich auf den Weg nach Bremen. Denn Bremen war damals eine reiche Stadt und hatte einiges zu bieten.

Der jüngere Bruder ging als Gärtner zu einem reichen Bürger, der ihn recht gut entlohnte. Und weil er sparsam war, konnte er nach einiger Zeit um die Hand der Tochter des Fährmannes am Punkendeich anhalten. Die beiden heirateten und der junge Mann wurde Nachfolger des Fährmannes.

Die beiden lebten zufrieden – wenn auch nicht gerade im Wohlstand. Aber der Fährbetrieb ernährte seinen Mann.

Der ältere Bruder dagegen war sehr ehrgeizig. Er verdingte sich bei einem Kaufmann. Dort stieg er zum Buchhalter auf, wurde Prokurist und heiratete die Pflegetochter des Kaufmannes.

Alles was er anfasste, geriet ihm nach Wunsch. Er wurde reich und gewann an Ansehen. Sein Wort hatte Gewicht in der Stadt. Jedermann in Bremen schätzte ihn als einen tüchtigen und ehrlichen Mitbürger.

Aber das genügte dem Bruder des Fährmannes nicht. Er meinte, er müsse noch mehr erreichen im Leben. Sein Reichtum war ihm zur Selbstverständlichkeit geworden. Und weil er ständig in geschäftlichen Angelegenheiten unterwegs war, hatte er den Draht zu seiner Familie verloren. Man lebte sozusagen nebeneinander her.

Es dauerte nicht lange, da wurde in Bremen die Stelle des Stadtrichters frei.

Der Rat der Stadt, der längst ein Auge auf den tüchtigen Kaufmann geworfen hatte und ihn überaus schätzte, vor allem auch seine Unparteilichkeit, was ihm auf Grund seines Vermögens nicht schwerfiel, wählte ihn in dieses wichtige Amt.

Er nahm es mit Ernst und Würde wahr, und niemand in Bremen hatte Anlass, sich über seine Entscheidungen zu beklagen.

Es vergingen einige gute Jahre.

Da passierte es, dass die Melker auf dem Werder vom Fährmann, dem Bruder des Stadtrichters, eine Herabsetzung des Fährgeldes vom Werder nach dem Punkendeich forderten.

Der Fährmann, der ohnehin mit irdischen Gütern nicht gesegnet war, lehnte ab.

Doch wie das so ist, die Fronten verhärteten sich, keiner wollte zurückstecken, böse Worte fielen und schließlich ging der Fährmann, wenn auch sehr zögerlich, zu seinem Bruder.

Er bewies ihm, dass er im Recht sei, und bat um eine richterliche Entscheidung.

Der Richter aber fürchtete, dass man ihn für parteiisch halten könne, wenn er seinem Bruder Recht gäbe.

Er wischte alle guten Argumente des Bruders vom Tisch und setzte das Fährgeld um die Hälfte herab.

Der Fährmann aber war nach dem richterlichen Spruch zunächst wie versteinert.

Dann aber fing er sich und während er die Gerichtsstätte verließ, rief er seinem Bruder zu: »Dieses ungerechte Urteil wird dir auch nach deinem Tode keine Ruhe lassen!«

Der Richter erhob sich, um seinen Bruder zum Bleiben zu überreden. Er wollte ihn zu einem weiteren Gespräch einladen. Doch nach wenigen Schritten wurde er totenblass und sank leblos zu Boden.

Die Witwe des Richters verkaufte das repräsentative Haus, das ihr ohnehin keine rechte Freude gemacht hatte.

Der Käufer aber war zunächst angeschmiert. Wann immer er aus dem Fenster auf die Straße schaute, stand hinter ihm der tote Richter und blickte ihm über die Schulter. Ein absolut dummes Gefühl.

Oder der Geist zeigte sich unvermutet in der Küche oder im Keller und erschreckte die Hausbediensteten, die allesamt nach kurzer Zeit ihren Dienst quittierten.

Der Hausbesitzer ließ schließlich einen Kapuzinermönch kommen. Der bezwang den toten Richter und verlud ihn an einem Abend, trotz allen Widerstrebens, auf einen Wagen, mit dem er ihn zum Ostertor hinausbrachte.

Als der Wagen am Rathaus vorüberfuhr, rief der Richter mit schrecklicher Stimme: »Richter, richte recht!«

Der tote Richter wurde in die Pauliner Marsch verbannt, wo er nun die Menschen, die dort zu tun hatten, neckte und quälte, was letztlich für sie kein Vergnügen war.

Am Ende wollte kein Mensch mehr in die Pauliner Marsch. Doch das war dem toten Richter auch nicht recht.

Er suchte ein neues Betätigungsfeld und beschloss, mit der Fähre zum Werder hinüberzusetzen.

Er brachte es fertig, unerkannt auf die Fähre seines Bruders zu kommen, und als das Schiff drüben angelegt hatte und der Fährmann kassieren wollte, schoss der Richter an ihm vorbei und rief: »Der letzte Mann bezahlt!«

Da erkannte der Fährmann, wen er übergesetzt hatte.

Der Richter aber übte nun auf dem Werder sein hässliches Spiel, so dass es auf dem Werder immer einsamer wurde.

Als der Winter kam, traute sich keine Menschenseele mehr dorthin.

Das wurde dem Richter zu langweilig.

Er trat ans Ufer und rief nach dem Fährmann: »Hahl awer!«

Der Fährmann setzte über die Weser, doch als er den Passagier erkannte, wendete er die Fähre kurz vor dem Anleger und fuhr sogleich zurück.

Der tote Richter hat später noch oft gerufen. Doch der Fährmann ließ sich nicht täuschen, ebenso wenig wie seine Nachfolger, die durch ihn eingeweiht worden waren.

Der Verbannte aber, der wegen seines Rufes »Hahl awer!« genannt wurde, musste auf dem Werder bleiben.

Es wird erzählt, dass noch heute die Anwohner am Punkendeich die Bettdecke über die Ohren ziehen, wenn sie nachts vom Werder her das schreckliche »Hahl awer!« hören.

Ein lasterhafter Kaufmann aus der Obernstraße findet keine Ruhe

Ein Kaufmann aus der Obernstraße in Bremen, der ein betrügerisches und lasterhaftes Leben geführt hatte, ohne dass man ihm etwas nachweisen und ihn vor Gericht stellen konnte, starb eines Nachts – und wurde von keinem beweint. Nicht einmal von seinen Angehörigen.

Als er nun aber zur Ruhe gebettet werden sollte, weigerte sich der zuständige Priester, ihm den letzten Segen zu geben. Selbst die Totengräber versagten ihm den Dienst.

Daraufhin fuhren ihn zwei Priester in einem Wagen auf eine große Wiese in der Pauliner Marsch. Sie gaben ihm auf, alle Grashalme zu zählen und auf diese Weise seine Sünden zu büßen.

Er zählte weit über 50 Jahre und war immer noch nicht fertig, denn neue Halme wuchsen und andere vergingen. Auch hatte er seine Lasterhaftigkeit mit seinem Tode nicht abgelegt. Er zwickte das Vieh und belästigte die Hirten.

Da nahmen ihn die Hirten und brachten ihn über die Weser auf den Werder. Dort ließen sie ihn durch die Priester bannen, die ihm wiederum eine neue Aufgabe stellten.

Er werde, so sagten sie, erst zur Ruhe kommen, wenn er die Weser mit einem Eimer ohne Boden leer geschöpft habe.

So schöpfte der Kaufmann viele Jahre. Doch dann fing er an, die Schiffer zu ärgern. Auch versuchte er heimlich, auf eines der vorüberfahrenden Schiffe zu kommen.

Ein Schiffer, der arglos auf der Weser fuhr, merkte, nachdem er den Werder passiert hatte, dass ihm das Rudern immer schwerer fiel und sein Schiff immer tiefer sank.

Er durchsuchte das Schiff und gewahrte einen kleinen Geist, der zusammengedrückt am äußersten Rand des Schiffes hockte. Der Schiffer warf den Geist über Bord und konnte schließlich ungehindert weiterfahren.

Das sprach sich unter den Schiffern herum. Und jeder, der am Werder vorüberfuhr, achtete fortan auf den Unglück bringenden Geist, der nach wie vor versuchte, die Weser zu leeren.

Wir wissen, dass es ihm bisher nicht gelungen ist.

Bremer Kaufleute drangen in fremde Gewässer vor und gründeten die Stadt Riga

Ob die nun folgende Geschichte historisch einwandfrei ist, wissen wir nicht genau. Wir wollen sie einfach mal mit einem Fragezeichen versehen.

Es geht ja auch nicht um historische Fakten, sondern um das, was sich die alten Bremer am Herdfeuer erzählt haben – und da verhielten sich die Bremer wie alle anderen Leute auch: Dichtung und Wahrheit quirlten durcheinander.

Es war also um die Mitte des 12. Jahrhunderts.

Damals wohnten in Bremen reiche Kaufleute, die den durchaus verständlichen Ehrgeiz hatten, noch reicher zu werden.

Sie überlegten, wie sie ihrem Handel neue Absatzwege verschaffen könnten, und richteten ihre Blicke auf die entlegenen Gestade der Ostsee.

Das Hingucken ging ja noch. Aber das Hinfahren war nicht ohne Risiko.

Schon Adam von Bremen, der Schreiber des Erzbischofs Adalbert, hatte etwa hundert Jahre vorher erzählt, dass es weit im Osten des baltischen Meeres wehrhafte Frauen gebe. Diese hielten sich hundsköpfige Männer, die nicht nur bellten, sondern auch bissen.

Adam wusste von Menschenfressern und anderen Ungeheuern zu berichten, bei denen jedenfalls keine Rücksicht auf gesittete Kaufleute aus Bremen zu erwarten war.

Die Bremer Kaufleute aber waren fest entschlossen, das ferne Land zu erkunden – so sehr lockte der Reichtum. Sie stellten einen Kapitän ein, der keine Angst vor Ungeheuern hatte und schon gar nicht vor den Tücken der Ostsee.

Der Kapitän wurde Kommandeur einer Flotte, die bald darauf in Richtung Osten segelte. Es dauerte nicht lange, da wurden die Schiffe von gewaltigen Sturmwinden ergriffen, und irgendwann mussten die Seeleute Schutz in der Mündung eines Stromes suchen. Der Strom war die Düna.

Die Bremer machten sorgenvolle Gesichter. Sie dachten an Adam und tatsächlich sammelten sich am Ufer der Düna mehrere Gruppen von Heiden, die allerdings wie ganz normale Menschen aussahen. Hundsköpfe waren nicht darunter – wehrhafte Frauen auch nicht. Jedenfalls waren sie als solche nicht zu erkennen.

Mit kleinen Schiffen griffen die Heiden die Bremer an, die sich aber mit Händen und Füßen und mit ihren neuzeitlichen Waffen überaus heftig wehrten, so dass den Heiden am Ende nichts anderes übrig blieb, als um Waffenstillstand zu bitten.

Das fiel ihnen aber auch nicht schwer, weil sie inzwischen gemerkt hatten, dass die Fremden gar nicht gekommen waren, um Streit zu suchen, sondern um Handel zu treiben. Und das war ja nichts Unangenehmes.

Die Bremer gingen an Land, schnackten ein bisschen mit den Eingeborenen, tauschten und kauften. Und währenddessen wurden die Becher mit Wein aus den mitgebrachten Fässern gefüllt, so dass die

Eingeborenen immer fröhlicher wurden, denn – sie konnten ja nix ab.

Sehen Sie, auf diese Weise kam es zu einem friedlichen Handel zwischen Bremen und den Heiden an den Ufern der Düna.

Das kriegten natürlich auch die Geistlichen in Bremen mit.

Einer von ihnen, genannt Meinhard, buchte eine Passage und begleitete die Kaufleute, um den Heiden das Evangelium zu predigen.

Die Kaufleute nahmen ihn mit und während sie handelten, sang und las er ihnen die Messe, predigte und begann ein Haus zu bauen.

Zwischendurch lernte er die Landessprache, machte sich bei den Häuptlingen des Landes beliebt, taufte sie und wurde am Ende vom Papst empfangen, der ihn zum Bischof des Landes weihte, denn der Papst war froh über jeden Zuwachs der christlichen Kirche.

Meinhard verwaltete sein Amt 23 Jahre. Danach starb er gottselig. Noch heute wird er als Heiliger verehrt.

Hartwig II., Erzbischof von Bremen, ordinierte einen neuen Bischof, der Berthold hieß und seinen Schafen treulich vorstand.

Der allerdings hatte weniger Glück als Meinhard. Denn es juckte ihn in den Fingern, an der Düna mit Hilfe Bremer Bürger eine Stadt zu bauen – nämlich die Stadt Riga. Das war im Jahre 1193.

Die Letten aber waren dagegen. Sie kamen mit großem Getöse und schlugen alle Leute tot, die sich ihnen in den Weg stellten. Das waren tausend Mann. Und einer von den tausend war Berthold.

Daraufhin sandte der Bremer Erzbischof Hartwig den Mönch Albert an die Düna. Albert war bis dahin Kanonikus in Bremen gewesen.

Er gründete den Schwertbrüder-Orden, was aber auch keinen Frieden brachte.

Russen und Litauer, allesamt Heiden, ließen den Christen keine Ruhe. Es kam immer wieder zu Kämpfen. Mal hatten die einen, mal die anderen Oberwasser.

Von hundsköpfigen Männern, Menschenfressern und anderen Ungeheuern war allerdings nie mehr die Rede.

Riga aber steht noch heute. Wer die Stadt tatsächlich gegründet hat – das wiederum steht in den Sternen.

Listige Bremer eroberten Bremervörde

Die Bremer hatten ein Auge auf das Schloss Bremervörde geworfen. Leider gehörte es dem mächtigen Herzog von Braunschweig. Und der dachte gar nicht daran, es den Bremern zu schenken. Warum sollte er das auch tun?

Da mussten sich die Bremer etwas einfallen lassen, um in den Genuss des Schlosses zu kommen.

Es war das Jahr 1218.

Ja, und eben in diesem Jahr lebte unweit Stade ein verschlagener Bauer namens Ockbert.

Der hatte, wie bei den Bauern üblich, jahrelang hart gebuckelt, bis ihm die Idee kam, sich als Wundertäter zu vermarkten. Denn dann, so meinte er, werde er ein angenehmeres Leben führen.

Tatsächlich gelang es ihm, das gemeine Volk, dessen Sprache er von Haus aus beherrschte, von seinen Wundern zu überzeugen. Denn gelegentlich hatte er das Glück, eingebildet Kranke zu heilen.

Bald kamen die Leute von überall zu ihm, um sich Rat zu holen, und weil er seinen Preis nahm, der nicht von schlechten Eltern war, glaubten ihm die Leute umso bereitwilliger. Denn was teuer ist, muss auch gut sein.

Davon erfuhr Heinrich von Oestringhausen, der als Voigt des Herzogs von Braunschweig in Bremervörde residierte.

Er ließ Ockbert zu sich kommen und gewährte ihm in Bremervörde ein angenehmes Quartier, wo er seine Praxis einrichten konnte – natürlich gegen entsprechende Beteiligung.

Ockbert ging darauf ein und Bremervörde wurde so eine Art Wallfahrtsort.

Gerade auf eine solche Gelegenheit hatten die Bremer gewartet.

Sie verkleideten sich als Pilger und zogen truppweise nach Bremervörde, wo sie ohne weiteres eingelassen wurden. Denn sie waren sozusagen Touristen, und Touristen brachten auch damals schon Geld in die Kasse.

Nachdem sich auf diese Weise eine Bremer Streitmacht in Bremervörde häuslich eingerichtet hatte, schritten sie zur Tat.

Die Herzoglichen wurden überwältigt. Das Schloss fiel den Bremern kampflos in die Hände, und der Voigt Heinrich von Oestringhausen machte sich aus dem Staube.

Aber auch von dem Wundertäter Ockbert hat man nie wieder etwas gehört.

Dass er in Bremen fortan ein angenehmes Leben geführt haben soll, ist eine böswillige Behauptung.

Doch die Alten im Land links der Elbe kennen das Sprichwort: Es hilft grad so als St. Ockberts Segen.

Nämlich gar nichts.

Der absichtlich verursachte Deichbruch

Bei Altenesch liegt eine große Brake. Es ist die Nobiskuhle.

Dazu gibt es folgende Geschichte:

Einmal war die Weser durch schwere Sturmfluten sehr hoch gestiegen.

Für die Stedinger war das aber kein Problem. Ihre Deiche waren hoch genug, vor allem waren sie gut und fest.

Anders sah es dagegen auf der anderen Weserseite aus.

Da hatten die Bauern beim Deichbau ein bisschen geschlampt. Auch waren ihre Deiche nicht hoch genug, und nun fürchteten sie sich vor dem großen Wasser.

Aber sie wussten Rat.

Sie versuchten einen Stedinger zu kaufen, der Nobis hieß. Sie versprachen ihm einen roten Rock und eine bunte Kuh, wenn er den Stedinger Deich durchbreche.

Auf diese Weise werde, so wussten sie, das Wasser ins Stedingerland fließen, während sie selbst, die Bauern auf dem rechten Weserufer, fein heraus wären.

Nobis ließ sich tatsächlich kaufen. Er war ein armer Mann und konnte eine bunte Kuh sehr gut gebrauchen, vom roten Rock ganz zu schweigen.

Er wartete einen hohen Wasserstand ab und brauchte nichts weiter zu tun, als eine Bohnenstange oben auf dem Deich hin- und herzuschieben. Dabei entstand eine kleine Rille, die sich zu einem Deichbruch entwickelte. Das Wasser floss erst langsam, dann aber mit reißender Geschwindigkeit ins Land.

Die Bauern auf der anderen Seite der Weser freuten sich.

Nobis aber hatte nicht mit seinen Landsleuten gerechnet.

Sie hatten ihn nämlich bei seiner unglückseligen Arbeit beobachtet.

Die Stedinger packten ihn, steckten ihn in eine mit Nägeln ausgeschlagene Tonne, rollten diese von der Deichkuppe an die tiefste Stelle des Deichbruchs und bedeckten sie dann mit Erde bis zur Höhe des früheren Deiches.

Als die ersten Schollen auf die Tonne fielen, hörte man den Eingeschlossenen rufen:

»De rode Rock, de bunte Koh,
de deckt mi armen Sünder to!«

Und das waren denn auch seine letzten Worte.

Mit einem Silberpfennig begann der unheilvolle und bis auf den heutigen Tag nicht vergessene Stedingerkrieg

Das Denkmal Stedingsehre auf einem Hügel zwischen Deichhausen und Altenesch wird auch heute noch in Ehren gehalten.

Alljährlich am 27. Mai wird es von den Nachkommen der Stedinger besucht. Sie erinnern damit an die Schlacht an jenem Tage des Jahres 1234, als ein Bremer erzbischöfliches Ritterheer mehr als 2000 Stedinger Bauern erschlagen und so letztlich das stolze Bauernvolk der Stedinger ausgelöscht hat.

Die Stedinger wohnten in den Marschen von der Ochtum abwärts bis zur Hunte. Auch gab es Stedinger auf dem rechten Weserufer von Lesum bis zum Lande Wührden. Das Land wurde Osterstade genannt.

Schon in den letzten Jahren des 12. Jahrhunderts hatte es im Stedingerland Unruhen gegeben, weil die Kirche und der Adel den Bauern die alten Rechte nehmen wollten.

Im Jahre 1187 versammelten sich die Stedinger am Brokdeich, um ihre Lage zu erörtern. Es wurde heiß diskutiert. Doch in einem waren sie sich alle einig: Sie wollten ein freies Bauernvolk bleiben.

Man beschloss, die benachbarten Burgen der Adeligen und des Erzbischofs zu brechen. Denn die Stedinger empfanden die Festungen als Zwingburgen – und das sollten sie auch wohl sein.

Das alles aber wäre noch kein Grund gewesen, einen großen Krieg zu führen. Denn kleine Fehden gab es immer und überall.

Gefährlich wurde es, als ein Geistlicher der Berner Kirche die Frau des Bohlke von Bardenfleth unnötig provozierte.

Die Frau war am Tage vor Ostern in der Berner Kirche zur Beichte gegangen, und da der von ihr gegebene Silberpfennig, was damals eine Menge Geld war, dem Geistlichen zu gering erschien, zeigte er dieses auf eine empörende Art.

Als die Frau am folgenden Ostersonntag in der Kirche das heilige Abendmahl genießen wollte, steckte ihr der Pfarrer statt einer Oblate das Geld in den Mund.

Die Frau, in der Meinung, dass sich der heilige Leib in Metall verwandelt habe, lief bestürzt nach Haus und nahm den Silberpfennig mit einem reinen Tuch aus ihrem Mund.

Bohlke von Bardenfleth war empört über das Verhalten des Geistlichen. Er wandte sich an dessen Vorgesetzten, der aber gar nicht reagierte.

Daraufhin rief Bardenfleth seine Verwandten zusammen. Uneingeladen kamen auch zwei Mönche aus dem Kloster Hude. Und als die Gottesmänner in die Küche der Bardenfleths schauten und Frau Bardenfleth verhüllt am Herd sitzen sahen, glaubten diese etwas dümmlichen Herren, das am Herd hockende Weib habe sich in eine große Kröte verwandelt.

Mit Geschrei nahmen sie Reißaus. Bohlke aber, dem schon alles egal war, zog nach Berne und erschlug den lästerlichen Pfaffen.

Daraufhin verhängte der Bremer Erzbischof über die Stedinger den Fluch, was aber für die Stedinger zunächst völlig uninteressant war. Sie kümmerten sich nicht darum und gingen weiter ihrer Arbeit nach.

Es gab zwar hier und da kleine Fehden. Doch im Grunde ging es den Stedingern gar nicht so schlecht, was nun wiederum dem Bremer Erzbischof an die Nieren ging. Er wünschte sich schwache Bauern.

Infolgedessen holte er sich die Erlaubnis des Papstes ein, einen Kreuzzug gegen die Stedinger zu organisieren.

Die Sache lief für die Bremer ein bisschen schief, denn das Kreuzfahrerheer wurde von den Stedingern geschlagen. Die Kreuzfahrer zogen sich zurück und leckten ihre Wunden.

Doch der Erzbischof sann auf Rache.

Er wandte sich an den Ketzerrichter Konrad von Marburg, der sich schon lange durch eine übergroße schmutzige Phantasie hervorgetan hatte.

Dieser Konrad schrieb dem Erzbischof von Bremen unter anderem folgenden Blödsinn:

»Die Stedinger haben weder Scheu vor Gott noch vor den Menschen. Sie achten die Lehren der Mutter Kirche gering und versuchen sie zu beherrschen. Der Beginn ihres Abfalls von der Kirche geschieht auf diese Weise: Wer sich von der Lehre abwendet, dem zeigt sich eine Kröte, der die Novizen den Hintern oder das Maul küssen müssen. Diese Kröte erscheint manchmal in natürlicher Größe. Mitunter aber ist sie so groß wie eine Ente oder eine Gans. Oder sie hat den Umfang eines Backofens.«

In diesem unappetitlichen Sinne ging es in dem Schreiben weiter.

Es ist jedenfalls nicht erstaunlich, dass Konrad von Marburg, der sich ja nicht nur in Bremen profilieren wollte, sondern sich auch mit dem deutschen Adel anlegte, im Jahre 1233 von deutschen Rittern erschlagen wurde.

Aber da hatte sein Gift in Bremen schon gewirkt.

In der Handelsstadt versammelte sich ein Heer, das sich unter der Führung des Erzbischofs Gerhard II. zunächst nach Osterstade bewegte, weil sich die westlichen Stedinger gut verschanzt und den Erzbischöflichen schon einmal eine Niederlage beschert hatten.

Die Osterstader, die mit dem Angriff der Bremer nicht gerechnet hatten, unterlagen nach heldenhaftem Kampf. Ihr Land wurde zur Einöde.

Danach wandte sich der Erzbischof mit seinen Verbündeten den Stedingern auf dem linken Weserufer zu.

Es kam zu einem großen Entscheidungskampf bei Altenesch. Das war am Sonnabend vor Himmelfahrt des Jahres 1234. Die Stedinger erwiesen sich zunächst als die Stärkeren und die Kreuzfahrer wankten.

Nachdem aber Heinrich von Cleve den Stedingern mit seinen Reitern in den Rücken gefallen, war ihr Untergang besiegelt.

Das Land wurde von den Erzbischöflichen verwüstet, die Menschen auf wenig christliche Art niedergemetzelt. Aus dem freien Bauernland wurde – wie Osterstade – eine Einöde.

Seltsam ist aber, dass von den Führern des Kreuzfahrerheeres viele in der Schlacht gefallen sind. Andere haben hinterher ein gewaltsames Ende gefunden.

So wurde der Graf von Holland, der sich bei Altenesch besonders niederträchtig hervorgetan hatte, auf Anstiften eines Grafen von Clairmont ermordet. Der Graf von Cleve wurde nach seiner Rückkehr in die Heimat in einem Turnier zu Nijmegen niedergestochen.

Nur der Erzbischof Gerhard II. lebte noch satte 24 Jahre.

Aber in Bremen hatte er keine Freunde.

Wo aber der Führer der Stedinger, Bohlke von Bardenfleth, abgeblieben ist, das weiß kein Mensch zu sagen. Er ist seit dem Sonnabend vor Himmelfahrt verschollen.

Die Glocke aus Wildeshausen, die nur einmal im Jahr läutet

Eine fromme Frau aus Wildeshausen, kein Mensch weiß heute noch, wie sie hieß, hatte im Jahre 1289 ihr gesamtes Vermögen dem Erzstift zu Bremen vermacht. Damals war Giselbert Erzbischof von Bremen, der sich ein großzügiges Palais errichten und den Dom durch die fünf klugen und törichten Jungfrauen schmücken ließ – aber das nur am Rande.

Es geht um das Vermögen der Frau aus Wildeshausen, das gedacht war, um unter anderem für die Alexanderkirche in Wildeshausen eine neue große und wohlklingende Glocke gießen zu lassen.

Nach dem Tode der Frau stellte sich dann heraus, dass eine solche Glocke das gesamte Vermögen der Frau verschlungen hätte, was aber dem Erzbischof nicht gefiel. Er brauchte schließlich auch Geld für seinen Palast und für das angenehme Leben, das er darin verbringen wollte.

So kam es zum Streit zwischen Bremen und Wildeshausen, das ja dem Erzstift angehörte, wobei die Bremer darauf hinwiesen, dass die Frau kurz vor ihrem Tode in einem mündlichen Testament die Verwendung des Vermögens dem Ermessen des Stiftes überlassen habe. Da sie tot war, konnte man sie nicht mehr fragen, ob das wirklich stimmte.

Immerhin setzten die aus Wildeshausen durch, dass eine Glocke für die Alexanderkirche angeschafft wurde, wenn auch in etwas kleinerer Ausführung.

Der Vorsitzende des Stiftes, der natürlich gegen die Glocke gewesen war, wurde durch Stimmenmehrheit genötigt, eine Unterschrift unter die entsprechende Urkunde zu setzen, was ihm sehr schwer zusetzte, so dass er die Erblasserin in gottlosen Reden verfluchte und ihr großzügiges Geschenk zur Hölle wünschte.

Nun gut, es war nichts mehr zu ändern, die Glocke wurde gegossen und im Turm aufgehängt. Dabei wurde aber versäumt, sie auch zu weihen.

Als die Glocke nun im Jahre 1293 zum ersten Male läuten sollte, riss sie sich mit unsichtbarer Kraft von ihrem Platz los und flog in die Stöckenkampswiese, wo sie ganz tief einsank.

Alle Bemühungen, sie wieder ans Licht zu bringen, blieben erfolglos.

An der Stelle, wo sie verschwunden war, entstand ein tiefer Kolk, der heute allerdings ausgefüllt ist. Nur eine Niederung ist geblieben.

Und noch etwas soll uns an dieses Ereignis erinnern. An jenem Tag nämlich, als sie damals zum ersten Mal läuten sollte, kommt sie alljährlich aus der Tiefe hervor, so dass sie gesehen werden kann. Dann fängt sie auch an zu läuten.

Wer sie hört und sieht und eine Sünde wider Gott begangen hat, ohne Buße getan zu haben, hat fortan auf Erden keinen frohen Augenblick mehr.

Ratsherrenwahl

Einmal musste in Bremen ein Ratsherr gewählt werden. Aber die Wahlmänner, die Mitglieder des Rats, konnten sich nicht einigen. Nicht einmal unten im Ratskeller, unter der Rose bei einem guten Wein.

Nachdem hin- und herdiskutiert worden war, ohne dass es zu einem Ergebnis gekommen wäre, beschlossen die Wahlmänner, den Erstbesten zu nehmen, der den Marktplatz betreten werde.

So stellten sie sich auf den Balkon des Rathauses und warteten.

Es dauerte auch nicht lange, da erschien ein Bäuerlein mit einem Kalb. Das Bäuerlein wollte das Kalb in der Stadt verkaufen.

Aber dazu kam es nicht.

Es wurde mit großem Pomp zum Ratsherrn ernannt.

Ob es sich um das Bäuerlein gehandelt hat oder um das Kalb, ist nicht überliefert.

Ist ja auch egal!

Die Rache des Geliebten

Diese schreckliche Geschichte, die in Wummensiede spielt, erzählt man sich bis heute von einer Generation zur anderen:

In Wummensiede nämlich stand einst ein mächtiges Bauernhaus, das später bei einem Deichbruch weggerissen worden ist.

In dem Haus lebte ein reicher Bauer, der eine schöne Tochter hatte. Und dieses Mädchen hatte sich in einen jungen Knecht verguckt, was auf Gegenseitigkeit beruhte – auch der Knecht liebte das Mädchen.

Um allerdings beim Bauern um seine Hand anhalten zu können, musste er etwas Tüchtiges lernen und vor allem ein bisschen Geld in der Tasche haben. Denn Reich und Arm passen nicht zusammen.

Der Knecht ging in die Fremde und ließ nichts mehr von sich hören.

Fünf Jahre waren vergangen. Das sechste Jahr ging vorüber. Und auch das siebte Jahr war schon einige Monate alt.

Das war eine sehr lange Zeit.

Die Deern dachte: Er kehrt nicht mehr zurück. Vielleicht ist er in der Fremde gestorben. Vielleicht hat er mich vergessen und eine andere geheiratet.

Und weil sie nun auch nicht mehr die Jüngste war und sich Kinder wünschte, gab sie der Werbung eines Bauern nach, der jung war und einen guten Ruf im Dorf hatte.

Der Hochzeitstermin rückte immer näher.

Doch am Abend vor der Eheschließung trat unversehens der verschollene und bis vor kurzer Zeit noch sehnlichst erwartete Knecht in das festlich geschmückte Haus.

Er traf die Braut auf der Diele. Sie wurde kreidebleich und erklärte ihm weinend: »Du kommst zu spät. Morgen bin ich die Frau eines anderen.«

Mit finsterem Blick verließ der frühere Knecht das Haus.

Am anderen Tag, als die Hochzeitsgesellschaft in der Kirche von Wasserhorst versammelt war und der Pastor dem Paar seinen Segen gab, wurde die Kirchentür aufgerissen.

Ein Mann stürzte herein, und ehe ihn irgendjemand daran hindern konnte, erschlug er die Braut, die dann in ihrem Blute vor dem Altar lag.

**

Auf dem Wasserhorster Kirchhof liegt eine alte Grabsteinplatte, darauf sieht man eine Frauengestalt, die die Hände wie abwehrend zum Kopf emporheben will. Unter der Platte liegt die schöne Bauerntochter.

Was aus dem Knecht geworden ist, wird nicht erzählt.

Wie ein Edelmann einen Hasenbraten sparen wollte

Es ist lange her.

Doch damals gab es schon einen Erzbischof in Bremen, der aber erst am Ende dieser Geschichte auftritt.

Hauptperson dieser Handlung ist ein Edelmann aus dem Hannöverschen.

Der hatte sich ein Gut unweit des Hasbruchs gekauft. Es bestand aus ungezählten Äckern, die er unmöglich allein bewirtschaften konnte.

Er wandte sich an die Bauern der Umgebung und bat um Hilfe, die ihm – nach alter Sitte – gern gewährt wurde.

Die Bauern waren es aber gewohnt, am Ende der Ernte von den Edelleuten, die ihre Hilfe in Anspruch genommen hatten, mit einem Hasenbraten bewirtet zu werden.

Das aber schien dem Herrn aus dem Hannöverschen sehr unpassend zu sein.

Wie komme ich dazu, dachte er, die dummen Bauern mit einem Hasenbraten zu mästen?

Und als nun der Tag gekommen war, da sich die Bauern um den Tisch des Edelmannes versammelt hatten, um sich dem Genuss eines Hasenbratens zu widmen, setzte er ihnen eine gebratene Katze vor – einen »Dachhasen«.

Die Bauern merkten das nicht und soweit wäre ja auch alles im Lot geblieben.

Doch der Edelmann, in seinem Übermut, schickte ihnen nach beendigtem Mahl Kopf und Pfoten der Katze in den Speiseraum, damit sie sehen konnten, was sie gegessen hatten.

Darüber waren die Bauern so ergrimmt, dass sie sich zusammenrotteten und sein Haus anzündeten.

Mordlust erfüllte sie, und der Edelmann musste sich aus dem Staub machen.

An eine Rückkehr auf seine Besitzungen war nicht zu denken.

Da wandte er sich an den Erzbischof von Bremen und bat um Vermittlung.

Der Erzbischof, ein frommer Mann, las dem Edelmann zunächst die Leviten.

Dann aber sprach er mit den Bauern und fand schöne Worte, um sie zu besänftigen. Tatsächlich schaffte er es, die beiden Lager miteinander zu versöhnen.

Doch umsonst ist nicht einmal der Tod.

So musste der Edelmann als Buße das Kloster Blankenburg an der Hunte bauen und ausstatten.

Und das hat er auch getan.

Außerdem servierte er den Bauern nie wieder eine Katze.

Man soll um Gottes willen keinem Menschen etwas leihen – schon gar nicht einem Hexer

Es ist immer etwas unangenehm, Fremden, Freunden, guten Bekannten oder gar Verwandten etwas zu leihen. Denn oft genug bekommt man es nicht wieder.

Ganz schlimm ist es aber, wenn man einem Hexer etwas leiht – ganz egal, was.

Also, an sich, und wenn man sich mit aufgeklärten Menschen darüber unterhält, gibt es keine Hexer mehr, und ob es sie je gegeben hat, das wollen wir in diesem Fall nicht weiter untersuchen.

Aber in Rablinghausen lebte der alte Elert Bote, und der – das steht nun einmal fest – verhexte das Vieh.

Wie er das im Einzelnen gemacht hat, wissen wir nicht. Wir wissen aber, dass er ohne fremde Hilfe nicht hexen konnte.

Er brauchte stets Hilfe.

In solchen Fällen ging er zu irgendwelchen Nachbarsleuten. An der Tür mimte er ein hilfloses Gesicht, so dass die Nachbarn natürlich fragten: »Mensch, was ist denn los mit dir? Ist dir eine Laus über die Leber gelaufen?«

»Ach, Mensch, ja«, antwortete er. »Ich bin in Verlegenheit. Ich hab' keinen Zucker im Haus, und gerade jetzt brauche ich ihn ganz nötig. Du weißt, ich mag keinen Tee ohne Zucker. Der Teekessel summt auf dem Herd, und dabei fällt mir auf, dass ich keinen

Zucker im Haus habe. Kannst du mir etwas Zucker leihen. Kriegst du morgen wieder.«

Zuerst sind die Leute ja auf derartige Reden hereingefallen.

Sie haben ihm etwas geliehen – ob es sich nun um Zucker, Salz oder um Werkzeug handelte, weil er sein eigenes Werkzeug, sagen wir mal einen Hammer oder eine Harke, angeblich verlegt hatte.

Ja, und in dem Augenblick, nachdem sie ihm etwas geliehen hatten, besaß er die Macht, etwas in ihrem Haus oder auf ihrem Hof zu verhexen.

Er hatte auch gar keine Hemmungen, die Arglosigkeit seiner Nachbarn zu missbrauchen. Im Gegenteil, es machte ihm sogar Spaß.

Aber das Blatt wendete sich.

Denn die Nachbarn waren nicht von gestern.

Wenn er mal wieder zu ihnen kam, ein hilfloses Gesicht aufsetzte und sie bat, ihm etwas zu leihen, sagten sie: »Jo, der Hammer steht doch in der Ecke. Nimm ihn dir.« Oder sie sagten: »Der Zuckerpott steht auf dem Bord. Nimm so viel du willst!«

»Nee«, meinte Elert Bote. »Das mag ich nicht so tun. Ihr müsst es mir schon in die Hand geben.«

»Och, hab dich man nich so«, sagten sie. »Wenn wir sagen, du kannst den Hammer nehmen oder den Zucker oder was, dann meinen wir das auch so.«

Damit stand Elbert Bote sozusagen im Hemd.

Denn er konnte sich nichts nehmen – das gehörte zu dem von ihm beherrschten Hexen-Einmaleins.

Und so ist er denn mit leeren Händen aus der Nachbarn Häuser gegangen.

Auf diese Weise hatte er über Haus und Hof keine Macht.

Und so ist das Vieh in Rablinghausen auch nicht mehr verhext worden.

Wie eine Hexe zu Tode geritten wurde

Bitte, was Sie jetzt lesen, dürfen Sie auf keinen Fall weitererzählen. Es muss ein Geheimnis bleiben.

Bei einem Fuhrmann in der Neuenstraße dienten zwei Knechte. Das waren Riesenkerle, Muskelpakete, die vor Gesundheit nur so strotzten. Außerdem waren sie enge Freunde, die sich brüderlich ein Zimmer teilten.

Einmal, der Herbst war zu Ende gegangen, der Winter stand auf seinem Höhepunkt, veränderte sich der eine der beiden Knechte, wir nennen ihn einfach mal Gerd. Er wurde blass und blässer. Er klagte über Mattigkeit in allen Gliedern, wurde stumpfsinnig und träge. Es kam sogar so weit, dass er am hellen Tag einschlief. Manchmal sogar im Stehen.

So etwas hatte es noch nie gegeben!

Alle im Haus, besonders aber auch der zweite Knecht, der Johann hieß, machten sich Gedanken über Gerd. Denn alle mochten ihn gern leiden.

Der Fuhrmann wollte ihn zum Arzt schicken. Doch Gerd sagte, niemand könne ihm helfen. Und an seinen Herrn gewandt meinte er: »Das Beste für mich wäre es, wenn Sie mir meine Entlassungspapiere gäben. Ich möchte zurück in meine Heimat.«

Nun stand aber gerade Fastnacht vor der Tür. Das war die Zeit, als in Bremen bis in das 19. Jahrhundert hinein die Knechte der Fuhrleute mit ihren neuen Röcken durch die Straßen zogen und sich vor den Häusern angesehener Bürger aufstellten, um durch ihren regelmäßigen und fröhlichen Peitschenknall die Bewohner zu ergötzen. Und wo immer sie auftraten, erhielten sie ein ansehnliches Trinkgeld.

Aber nicht einmal zu diesem fröhlichen Treiben hatte Gerd Lust. Er wollte nach Hause.

Schließlich meinte Johann: »Bleib wenigstens hier, bis der Schnee getaut ist. Du weißt, die Wege draußen sind im Winter fast unbegehbar.«

Aber selbst dazu war Gerd nicht bereit. Er sagte: »Schnee, Eis und schlechte Wege können mich nicht aufhalten.«

Johann, der die Welt gesehen und ihren Lauf und die Menschen kannte, dachte: Heimweh kann es nicht sein! Wenn Gerd Heimweh hat, wird er noch bis zum Frühling warten können. Es muss etwas anderes sein, das Gerd aus der Stadt treibt.

Johann setzte Gerd so lange mit Bitten zu und ruhte nicht eher, bis er den wahren Grund erfahren hatte.

Gerd sagte: »Ich rede nicht gern über die Sache. Aber wenn ich es mir recht überlege, könnte meine Abreise für dich schreckliche Folgen haben. Und da wir uns gut verstehen, werde ich dir alles erzählen. Vielleicht findest du einen Weg, dass es dir nicht so ergeht wie mir. Denn denke, ich werde jede Nacht einige Stunden geritten.«

»Geritten?«, fragte Johann und konnte ein ungläubiges Lächeln nicht verkneifen.

»Es ist eine furchtbare Geschichte«, klagte Gerd. »Ich liege im ersten Schlaf, da wird mir plötzlich ein Halfter übergeworfen. Ich muss zum Bett hinaus und verwandle mich in ein Pferd. Es schwingt sich jemand auf meinen Rücken. Ich spüre die Sporen in meinen Weichen, und ich muss meinen Reiter in Windeseile straßauf straßab tragen, so dass ich jeden Augenblick zusammenzubrechen drohe.«

»Und was ist mit dem Reiter?«, fragte Johann.

»Sobald mir das Halfter abgenommen worden ist, werde ich keinen Reiter gewahr«, meinte Gerd ein wenig kleinlaut. »Mitunter läuft mir eine Katze über den Weg, aber ich bin zu schwach, um sie zu greifen.«

»Eine Katze?«, fragte Johann und zog ein nachdenkliches Gesicht.

Ihm fiel ein, dass er früh am Morgen im frisch gefallenen Schnee die Spuren einer Katze gesehen hatte, die von der Stalltür über den Hof bis zur Planke des Nachbarn führten.

Johann schlug daraufhin vor: »Wir werden in der nächsten Nacht die Plätze tauschen. Mal sehen, wie es weitergeht.«

»Nein!«, sagte Gerd. »Das kommt nicht in Frage. Ein Opfer genügt. Denn wenn wir die Plätze tauschen, bist du derjenige, der geritten wird.«

»Wart's ab!«, meinte Johann.

Schließlich gab Gerd nach.

Als die Nacht hereingebrochen war, gingen die Knechte in ihre Kammer, und Johann legte sich auf Gerds Platz.

Die beiden jungen Männer taten so, als fielen sie in einen tiefen Schlaf. Sie schnarchten, dass es eine Art war.

Nicht lange danach gab es ein leises Geräusch.

Kaum hörbar. Doch Fußtritte waren es nicht.

Dafür aber kam das Rasseln der Spangen an einem Pferdegeschirr immer näher.

In diesem Augenblick richtete sich Johann auf, setzte sich, und als er das Halfter gegen sich erhoben spürte, kam er mit einem schnell Ruck seinem Gegner zuvor, griff das Halfter und konnte es ungehindert an einem fremden Kopf befestigen.

Es war zwar stockfinster, so dass Johann von dem Kopf nichts sehen konnte. Doch belehrte ihn sein Gefühl, dass der Kopf lange Mähnen hatte, die sich vor Schrecken sträubten.

»Nun, Frau Nachbarin!«, rief er auf gut Glück, als er mit dem Aufzäumen fertig war. »Wollen wir beide es einmal miteinander versuchen?«

Er ergriff die Peitsche, die er schon bereitgelegt hatte. Tür und Tor standen offen, und Gerd sah mit Schrecken, wie der verwegene Johann die Rollen vertauscht hatte und im wilden Galopp von dannen brauste.

Lange horchte Gerd. Aber es blieb zunächst still.

Zwischendurch vernahm er entfernt Pferdegetrappel.

Schließlich aber legte er sich ins Kissen zurück, zog sich die Decke über den Kopf und fiel in einen tiefen Schlaf.

Als er am Morgen erwachte, fand er seinen Freund unversehrt im Bette liegen. Er rüttelte ihn wach.

Der schlug die Augen auf und musste sich lange besinnen, ehe er sich zurechtfand und in der Lage war, Gerd Aufschluss über sein nächtliches Abenteuer zu geben.

Er erzählte, wie er sich auf den Gaul geschwungen hatte und durch alle Straßen der Stadt geritten war.

Nachtwächter, Hebammen, Wäscherinnen und was sonst bei Nacht draußen unterwegs ist, hatten vor ihm und seinem Pferde Reißaus genommen. Alle glaubten, der Leibhaftige sei in der Stadt.

Als er endlich spürte, dass der Gaul am Ende seiner Kräfte war, sei er nach Hause geritten.

Da brannte beim Nachbarn, dem Schmied, schon Licht, denn der ist immer früh auf den Beinen, wie die ganze Stadt weiß. Und so war er mit dem Pferd, das sich kräftig wehrte – was ihm aber nichts nützte – in die Schmiede gegangen.

Der Schmied aber konnte es gar nicht fassen, dass er schon so früh gebraucht wurde.

Johann erzählte ihm, sein Herr schicke ihn, um den Gaul, den er am Abend gekauft habe, beschlagen zu lassen. Es eilt, hatte er zu dem Schmied gesagt, denn der Herr wollte das Pferd schon am Morgen einspannen.

»Da hat dein Herr aber ein wunderschönes Tier gekauft«, hatte der Schmied gesagt, was ihm Johann bestätigen konnte.

Sogleich begann in der Werkstatt ein geschäftiges Hämmern und Klopfen.

Johann berichtete weiter, wie er das Pferd mit beiden Händen festgehalten hatte, was nicht einfach war, denn das Tier wieherte laut und versuchte, sich – Schläge verteilend – loszureißen.

Doch alles half nichts, das Pferd wurde beschlagen.

Anschließend hatte Johann es vor den Stall geführt, in dem auch das Zimmer der Knechte lag, war behutsam abgestiegen und hatte die Halfter gelöst. Er war behände in den Stall hineingesprungen und hatte die Tür hinter sich zugeschlagen.

Heftige Schläge donnerten noch gegen die Tür, denn das Pferd, des Halfters entledigt und damit nicht mehr in seiner Gewalt, hatte noch schnell versucht, ihn zu zermalmen.

Das letzte, was Johann gehört hatte, war ein klägliches Katzengeschrei.

Nachdem Johann seine Geschichte zu Ende erzählt hatte, fragte ihn Gerd: »Nun möchte ich doch wissen, wer diesen Streich ausgeheckt hat. Du sprachst von der Frau Nachbarin.«

»Ich weiß es nicht«, sagte Johann, »ich weiß nur, dass die Frau Nachbarin lange Haare hat.«

»Dann wäre sie eine Hexe, die mir ans Leben gehen wollte.«

»Vorausgesetzt, sie ist es«, meinte Johann. »Aber ich glaube, der Spaß ist ihr jetzt verdorben.«

Die beiden Freunde gingen an ihre Arbeit, und während sie sich noch Gedanken machten über ihre nächtlichen Abenteuer, ging die Nachricht von Haus zu Haus, dass man die Frau des reichen Nachbarn, die gestern Abend gesund und wohl zu Bett gegangen sei, am Morgen tot auf ihrem Lager gefunden habe und zwar unter den bedenklichsten Umständen, denn sie sei beschlagen gewesen an Händen und Füßen wie ein Pferd.

Die beiden Freunde nahmen das verwundert zur Kenntnis und schworen einander, kein Wort über diese Geschichte zu verlieren.

Auf diese Weise ist es ihr Geheimnis geblieben.

Und auch über unsere Lippen soll niemals ein einziges Wort kommen.

Die Strümpfe und die Hexe

Einmal strickte sich ein Mädchen Strümpfe.

Da kam eine merkwürdige Tante ins Haus, die es noch nie gesehen hatte.

Die Tante begann an den Strümpfen herumzugrabbeln.

»Was sind das für feine Strümpfe«, sagte sie. »Wer hat dir denn das Garn mitgebracht?«

Das Mädchen bekam regelrecht Angst.

Es sagte: »Was soll das? Das Garn ist von meiner Mutter und die kauft nichts Schlechtes.«

»Ja, ja«, sagte die merkwürdige Tante bedeutungsvoll.

Nachher hat das Mädchen seiner Mutter die Geschichte erzählt. Und die hatte sofort einen Verdacht.

Sie sagte: »Das war keine entfernte Verwandte. Das war eine Hexe!«

Und ohne weitere Umstände hat sie die Strümpfe ins Feuer geworfen.

So konnten sie kein Unheil anrichten.

Eine weise Frau wurde als Hexe auf dem Scheiterhaufen verbrannt

Das muss kurz vor der Reformation in Bremen gewesen sein.

Damals lebte eine weise Frau im Stephaniviertel, die durch ihre Wunderkuren weithin bekannt war.

Wer immer krank war in Bremen, der ging zu ihr. Auch von draußen kamen die Menschen mit ihren Leiden, um von ihr geheilt zu werden.

Es gab sogar Ärzte, die – am Ende ihres Lateins – ihren Patienten empfahlen, die weise Frau aufzusuchen.

»Es kann nicht schaden«, sagten sie, denn die Frau sammelte Kräuter und wusste genau, was für die einzelnen Krankheiten gut war. Und wenn sie nicht helfen konnte, machte sie keinen Hehl daraus. Dann sagte sie: »Da kann nur der liebe Gott helfen!«

Einmal lag der regierende Bürgermeister schwer krank danieder.

Drei Ärzte der Stadt standen hilflos an seinem Krankenbett.

Der Ratsarzt, der an sich einen guten Ruf hatte, schüttelte den Kopf. Der Bürgerarzt seufzte – auch er wusste keinen Rat. Der Armendoktor aber, der selbst auch nicht weiterwusste, riet auf Grund seiner Erfahrungen, die weise Frau kommen zu lassen.

»Denn«, so sagte er, »täglich höre ich in Gesprächen mit meinen Patienten, dass sich die weise Frau bei ihrer Arbeit unschädlicher Mittel bediene und sehr oft Erfolg habe.«

Die Angehörigen des Bürgermeisters vernahmen die Worte und sagten sich: Wenn es nicht schaden kann, warum soll sie nicht kommen!

Sie beschlossen, die weise Frau holen zu lassen.

Daraufhin verließen der Ratsarzt und der Bürgerarzt empört das Haus. »Scharlatanerie können wir nicht dulden!«, schnauzten sie.

Die Familie des Bürgermeisters schickte einen Diener zu der Alten, die aber von diesem Auftrag gar nicht begeistert war.

Sie hatte schlechte Erfahrungen mit dem Bürgermeister gemacht. Denn er hatte sie durch ein ungerechtes Urteil ins Elend gestürzt, was sie ihm nicht vergessen konnte.

Daraufhin machte sich die Tochter des Bürgermeisters auf den Weg zu der Alten. Sie erreichte durch Flehen und Tränen, dass sie ihr in das Haus des Bürgermeisters folgte, um eine Diagnose zu stellen.

Die weise Frau kam, betrachtete den kranken Mann lange und ging anschließend nach Hause, um einen Trank für ihn zu brauen, den sie vom Diener des Bürgermeisters abholen ließ.

Sie gab ihm die ausdrückliche Weisung mit auf den Weg, dem Bürgermeister stündlich davon zu geben und am nächsten Tag wiederzukommen.

Der Bürgermeister nahm den Trank und bekam auf der Stelle Farbe im Gesicht. Er spürte wieder Leben in sich und nahm an den Gesprächen seiner Angehörigen teil. Und auch der Armenarzt sagte: »Es scheint zu wirken!«

Als der Ratsarzt den Diener am nächsten Tag von der weisen Frau kommen sah, erfuhr er auf sein Befragen, dass der Trank bei dem Patienten gute Wirkung getan habe.

Der Ratsarzt erbleichte, blieb aber ganz ruhig und freundlich und bat den Diener, ihm das Gebräu einmal zur Untersuchung zu geben, da er das Mittel verständlicherweise kennen lernen wolle.

Der arglose Diener gab dem Arzt das Mittel. Der verschwand in seinem Laboratorium, kehrte ziemlich schnell zurück und reichte dem Diener das Medikament mit zitternden Händen.

Der Diener brachte das Medikament in das Haus des Bürgermeisters und fand den Patienten voller Hoffnung.

Der nahm den Trank. Am Abend bekam er heftige Schmerzen. Und am nächsten Morgen war er tot.

In Bremen sprach sich dieses Ereignis sofort herum.

Die weise Frau wurde verdächtigt, den Kranken aus Rache vergiftet zu haben. Sie wurde ins Gefängnis geworfen.

Und wie das damals so üblich war, wurde sie gefoltert, und zwar so schwer, dass sie am Ende gestand, eine Giftmischerin und Hexe zu sein.

Die weise Frau von Bremen wurde zum Feuertode verurteilt.

Die Bremer, vor allem die, die allen Grund hatten, der Frau dankbar zu sein, schmähten sie nun und schleppten sie zum Richtplatz.

Auf dem Scheiterhaufen wurde sie von einem Geistlichen aufgefordert, ihre Schuld durch ein offenes Geständnis zu vermindern.

Sie aber betete: »Herr, vergib ihnen, denn sie wissen nicht, was sie tun!«

Und so starb sie in den Flammen.

Am Tage darauf fand man den Ratsarzt in seinem Schlafzimmer erhängt.

Niemand sprach aus, was er dachte. Aber jeder dachte sich sein Teil.

Der alte Diener des Bürgermeisters aber starb vor Gram.

Wie ein armer Schuhmacher durch seine schöne Stimme zu einem gemachten Mann wurde

Die Wasserhorster waren in Not.

Seit geraumer Zeit schon hatten sie keinen Küster und keinen Lehrer für ihre Kinder. Auf den Lehrer hätte sie verzichten können, auf den Küster nicht.

Aber damals war es ja so, dass der Küster zugleich auch der Lehrer war. Er mochte noch so wenig Grips im Kopf haben, für einen Lehrer reichte es allemal.

Es gab jedoch keinen Küster, weil die Stelle so schlecht besoldet wurde. Und die paar Pfennige, die er als Lehrer bekam, machten den Kohl auch nicht fett.

Wer die Stelle angeboten bekam, schüttelte den Kopf, sagte »Geh mir los!« und hielt sich an das Matthäus-Evangelium Kapitel 6, Vers 26: Die Vögel säen und ernten nicht, und unser himmlischer Vater ernähret sie doch.

Was für die Vögel galt, konnte doch auch recht gut für die Menschen gelten. Meistens klappte es, wie das ja auch heute noch der Fall ist.

Damit aber hatten die Wasserhorster immer noch ein Personalproblem.

Schließlich machten sie sich auf die Suche nach einer geeigneten Persönlichkeit.

Die Kirchgeschworenen gingen nach Bremen, erreichten die Faulenstraße und – wurden fündig.

Aus einem Wohnkeller vernahmen sie eine volle und helle Stimme.

Die Stimme gehörte einem Schuhmacher, der eben seinen Morgengesang angestimmt hatte.

Auf diesen Mann hatten sie gewartet.

Die Wasserhorster betraten den Wohnkeller, machten sich bekannt und teilten dem Schuhmacher mit, dass sie ihn engagieren wollten, und zwar wegen seiner schönen Stimme nicht nur als Küster, sondern auch als Lehrer.

Der Schuhmacher, Diedrich Harbers mit Namen, hörte sich das alles an.

Gar nicht schlecht, dachte er. Die gesunde Luft da draußen – nicht zu vergleichen mit seinem Wohnkeller. Und immer nur singen. Das war nach seinem Geschmack.

Er war bereit und ging mit.

Diedrich Harbers verlebte so manches Jahr in Wasserhorst – als Küster, von dem nicht viel verlangt wurde, und als Lehrer, von dem noch weniger verlangt wurde.

Singen konnte er und alles andere ergab sich von selbst. Denn was er nicht wusste, das brauchten auch die Kinder nicht zu wissen. Schließlich vermissten sie es nicht. Denn was man nicht weiß, macht einen nicht heiß.

Nebenbei versorgte er die Gemeinde mit Schuhen, und weil er ein cleverer Mann war, fiel ihm auf, dass es in Wasserhorst keinen Krug gab.

Er richtete eine Krugwirtschaft ein und brachte es im Laufe der Zeit zu einem gewissen Wohlstand.

Drei seiner Töchter verheirateten sich auf die besten Bauernstellen des Landes.

Und alle waren zufrieden.

Der rote Hahn vor dem silbernen Pflug

Im Niedervieland wohnte in uralten Zeiten ein Bauer, der war sehr reich. In Kisten und Kästen lagen Gold und Silber, kein Ratsherr in der Stadt hatte so viel Silbergeschirr wie er.

Aber der Überfluss bereitete ihm große Sorge, denn ringsum wütete Krieg. Niemand wusste genau, wann die raub- und mordlustigen Horden ins Niedervieland einfallen würden. Und die schützenden Mauern der Stadt Bremen waren weit.

Der Bauer dachte: »Ich muss meinen Schatz vergraben! Unter der Erde ist er sicher.«

Er beschloss, sein kostbares Gut am Sonntag der Erde anzuvertrauen, dann nämlich, wenn alle Hausgenossen in der Kirche säßen.

Nun hatte aber der Bauer einen jungen Knecht, der Hans hieß und den er aus Mitleid in seine Dienste genommen hatte, weil er arm und elternlos war.

Dieser Knecht schwänzte die Kirche, weil er sich wegen seines schäbigen Rockes schämte. Deshalb versteckte er sich in der Scheune.

Als der Bauer sah, dass sich alle Hausgenossen entfernt hatten, nahm er eine Schaufel und ging ebenfalls in die Scheune.

Der Junge, der befürchtete, entdeckt zu werden und Ärger zu bekommen, verbarg sich hinter dem Heu, und nun sah er, was passierte.

Der Bauer stach mit dem Spaten eine Grube aus, mannstief, ging für einen Augenblick weg, kehrte aber gleich wieder zurück und wälzte einen großen kupfernen Kessel keuchend vor sich her, den er in das Loch hineingleiten ließ.

Hans war neugierig, wie das wohl weitergehen werde. Verwundert sah er, dass der Bauer eine große Kiste mit silbernen Gefäßen und goldenem Gerät herbeitrug und in den Kessel schüttete.

Dann holte er noch einmal eine Kiste blanker Taler, die er ebenfalls hineinwarf.

Nachdem er alles mit Brettern und Holzwerk überdeckt hatte, schaufelte er Erde darüber und ebnete den Boden, so dass keine Spur zurückblieb.

Anschließend aber belegte der Bauer den Schatz mit einem Bann, dergestalt, dass der Teufel den Schatz hüten möge. Er solle ihn nicht fahren lassen in sieben Jahren, und wer dann käme, ihn zu heben, der müsse kein anderer sein als der Verlobte der Tochter des Hauses. Auch soll er nicht mit Spaten und Schaufel graben, sondern er müsse den Schatz mit einem silbernen Fuhrwerk zu Tage fördern. Vor dem Fuhrwerk müsse er das lebendige, beflügelte Feuer spannen, nichts anderes. Käme ein Unbefugter, so möge ihm der Satan den Hals brechen.

Nachdem der Bauer seinen Spruch aufgesagt hatte, wartete er auf ein Zeichen, dass er erhört worden sei.

Da schwirrte eine große Fledermaus durch die Scheune, umkreiste ihn dreimal und verschwand.

»Das wäre also in Ordnung«, sagte der Bauer zufrieden und ging zurück ins Wohnhaus.

Hans aber war in der Folge voller Unruhe. Immer dachte er an den Schatz, der so nahe vor seinen Augen gelegen hatte, der aber für ihn durch den Bann in unerreichbare Ferne gerückt war.

Schließlich verließ er den Bauern und ging zur See.

Er brachte es in kurzer Zeit zum Steuermann und zum Kapitän und wurde ein wohlhabender Mann, der sich überall sehen lassen konnte.

Es waren wohl knapp sieben Jahre vergangen, da kehrte er ins Niedervieland zurück, wo er allerdings längst vergessen war. Kein Mensch erinnerte sich an ihn und keiner erkannte ihn – was verständlich war, denn er war ein stattlicher Mann geworden, wettergegerbt und nach der neuesten Mode gekleidet.

Er quartierte sich im Wirtshaus ein, kam mit dem Wirt und seinen Gästen ins Gespräch und erfuhr, das sein ehemaliger Herr vor wenigen Wochen das Zeitliche gesegnet hatte.

Es wurde ihm erzählt, dass der Bauer stets für einen reichen Mann gehalten worden sei, allein, er habe seinen Reichtum wohl mit ins Grab genommen, denn die Hinterbliebenen müssten sich kümmerlich genug behelfen, und die Frau habe erst gestern eine Kuh aus dem Stall verkaufen müssen, um ihre Abgaben zu bezahlen.

Nachdem sich Hans gestärkt hatte, wanderte er zum Hof seines ehemaligen Brotherrn.

Niemand erkannte ihn.

Nur die Tochter des Hauses, die zu einer schönen jungen Frau herangewachsen war, konnte sich an den armen Waisen erinnern, dem sie so manchen Bissen heimlich zugesteckt hatte.

Sie freute sich, ihn in so guten Verhältnissen wiederzusehen, und er wurde ins Haus gebeten. Nachdem sich die Hausfrau überzeugt hatte, dass er das einstige Waisenkind war, das ihr Mann aus christlicher Nächstenliebe bei sich aufgenommen hatte, musste er erzählen, wie es ihm ergangen sei.

Als er sich schließlich verabschiedete, meinte die Hausfrau, er sei stets willkommen, so lange er sich in der Heimat aufhalte. Und das ließ er sich nicht zweimal sagen.

Es gab keinen Tag, an dem er nicht vorbeiguckte, und eines Tages hielt er um die Hand der Tochter an.

Er liebte sie, was bei ihrem Aussehen und ihrem herzlichen Wesen nicht schwer war. Und sie liebte ihn.

Die Mutter war froh, einen Mann für ihre Tochter gefunden zu haben, und die Hochzeit wurde beschlossen.

Hans aber, der mit beiden Beinen auf der Erde stand, dachte: Ich meine, die sieben Jahren sind um. Der Schatz könnte gehoben werden. Aber wie? Es müsste jedenfalls vor der Hochzeit sein. Denn im Bann des Bauern war von dem Verlobten der Tochter des Hauses die Rede gewesen, nicht von ihrem Ehemann.

Er überlegte hin und her und selbst im Schlaf dachte er an das schöne Geld.

Eines Nachts träumte er, dass die Scheune, in der der Schatz vergraben war, in hellen Flammen stand. Als er aber genau hinsah, war es ein roter Hahn, der auf dem Strohdach stand und mit den Flügeln schlug. Dann flog er herunter und setzte sich auf eine umgestürzte Pflugschar, die auf dem Hofe lag. Er pickte mit dem Schnabel, scharrte mit den Füßen und gebärdete sich ganz so, als wolle er den Pflug in die Höhe richten und mit sich fortführen.

Da erwachte Hans, sprang von seinem Lager auf und wusste nun, was er zu tun hatte.

Er machte sich am frühen Morgen auf den Weg in die Stadt, wo er den Laden eines Goldschmieds betrat und den Meister fragte, ob er wohl einen silbernen Pflug anfertigen könne.

Der Meister wunderte sich über diesen seltsamen Auftrag. Als Hans ihm aber das Geld für das kostbare Stück im Voraus bezahlte, hatte er keine Bedenken mehr. Und als Hans ihm sagte, er möge so schnell wie möglich mit der Arbeit fertig werden, ließ er alles stehen und liegen.

Nach acht Tagen konnte Hans den Pflug aus Bremen abholen. Und in der folgenden Nacht ging er ans Werk.

So wie die Glocke zwölf geschlagen hatte, machte er sich auf den Weg.

Unter dem rechten Arm trug er den Silberpflug, unter dem linken Arm einen roten Hahn, der normalerweise auf dem Hof die Schar der Hühner betreute.

Vor der Scheune spannte er den roten Hahn, das lebendige, beflügelte Feuer, vor den silbernen Pflug, öffnete das Tor und fuhr zu der Stelle, wo der Schatz vergraben worden war.

Hans fing an zu ackern. Er pflügte die Erdschollen aus dem Boden heraus, und nach einer Viertelstunde stieß der Pflug auf ein Hindernis. Es war Deckel des Kessels.

Hans ging unterdessen weiter hinter dem Pfluge her und ließ sich nicht einschüchtern durch das Brausen und die schrecklichen Stimmen, die ihn unaufhörlich umtönten.

Er sah weder rechts noch links und hütete sich, das geringste Sterbenswort von sich zu geben. Denn dann war der Schatz verloren. Das wusste er noch recht gut aus der Schule, wo ihm solche und ähnliche Geschichten erzählt worden waren.

Endlich hob er den Deckel vom Kessel herunter, und wie die Sterne am Himmel, so funkelte es in dem Kessel. Eilig belud er die Körbe, die er bereitgestellt hatte, mit dem gewaltigen Schatz.

Er trug alles ins Freie, klopfte an die Haustür seiner Schwiegermutter und begehrte schleunigen Einlass.

Die beiden Frauen, Mutter und Tochter, waren erschrocken und fürchteten, es möge dem jungen Mann ein Unglück zugestoßen sein.

Er aber lachte und erzählte ihnen alles von Anfang an. Dann trug er die Körbe mit den Schätzen in die Stube und gab der Hausfrau ihren verlorenen Reichtum zurück.

Doch das Mädchen freute sich über die Klugheit und den Mut ihres Geliebten und als der Herbst kam, wurden die beiden ein glückliches Paar.

Der Kellermeister im Ratskeller zu Bremen wunderte sich, dass über Nacht sein bestes Fass leer getrunken worden war

Ein Bauer bewirtschaftete einen einsamen Hof in der Nähe von Bremen. Er war wohl versorgt.

Unter der Decke seiner Diele hingen Würste, Speck, Rauchfleisch und Schinken. In der Speisekammer warteten Eier, Butter und Käse darauf, verspeist zu werden.

Zu seiner Frau meinte er: »Der Winter kann kommen. Uns kann nichts passieren!«

Aber er hatte die Rechnung ohne die Hexen gemacht, die damals noch ihr Unwesen in unserer Gegend trieben.

Denn eine besonders schlaue Hexe hatte auf ihrem nächtlichen Erkundungsritt die Schätze des Bauern mit ihrer feinen Nase erspürt.

Sie berichtete ihren Freundinnen davon und alle beschlossen gemeinsam, dem Bauern einen Besuch abzustatten – natürlich ohne eingeladen worden zu sein.

Um Mitternacht trafen sie auf dem Hof ein. Sie brachten den Hund zum Schweigen, schlüpften in das Wohnhaus und deckten ohne Umstände den Tisch.

»Und wo ist der Wein?«, fragte eine der Hexen.

»Wein hat er nicht, der Bauer«, meinte die Hexe, die den Ausflug organisiert hatte. »Aber da gibt es noch eine Lösung, wartet nur ab.«

Es wurde gegessen und geschnackt, es war eine richtig lustige und vor allem nahrhafte Party.

Doch der Knecht das Hauses, der von den unruhig in ihren Ställen stehenden Pferden geweckt worden war, verließ sein Lager, um die Ursache der Unruhe zu ergründen.

Er horchte, vernahm das fröhliche Kichern, das Tellerklirren und das vernehmliche Schmatzen der Frauen. Er schlich behutsam an die Stubentür, schaute durch einen Spalt und sah die schmausenden Hexen in der Stube sitzen.

Nach einer Weile war das nächtliche Mahl beendet und die Hexen bekamen Durst, zumal einer der Schinken etwas zu stark gesalzen war.

Die Hexe mit dem guten Riecher meinte: »Kein Problem! Wir machen uns auf den Weg in den Ratskeller zu Bremen. Da haben wir Wein satt.«

Sie zog eine Kruke mit Salbe aus der Tasche, stellte sie auf den Tisch und alle rieben sich mit dem Inhalt ein.

Danach riefen sie:

> Öwer Busch un Bom,
> öwer Beek un Strom,
> na Bremen to, in'n Winkeller!

Und mit einem Schlag waren sie verschwunden.

Der Knecht hatte das alles sehr wohl verfolgt.

Vorsichtig öffnete er die Stubentür, nahm die zurückgelassene Kruke zur Hand und rieb sich gleichfalls mit dem Rest der Salbe ein, denn das verführerische Wort »Winkeller« hatte ihn durstig gemacht.

Er murmelte den Zauberspruch, den er sich aber nicht richtig gemerkt hatte. Er sagte:

> Dör Busch un Bom,
> dör Beek un Strom,
> nah Bremen bit to'n Winkeller!

Ja, und dann ging es los: Durch Dorn und Busch, durch Wald und Wasser, bis er sich endlich auf dem Marktplatz zu Bremen wiederfand.

Seine Glieder waren zerschunden. Seine Kleidung hing ihm in Fetzen vom Leib. Er war pudelnass, und vom Wein wollte er nichts mehr wissen.

Die Hexen aber haben sich im Ratskeller gütlich getan.

Als am nächsten Morgen der Kellermeister sein Revier betrat, entdeckte er mit Entsetzen, dass das beste Fass bis auf die Nagelprobe leer getrunken worden war.

Es kam zu einer ausführlichen wie hochnotpeinlichen Untersuchung. Aber es nützte nichts. Die Übeltäterinnen wurden niemals entdeckt.

Der Einzige, der etwas hätte erzählen können, war der Knecht, der zerschunden und zerknautscht mitten auf dem Marktplatz saß.

Aber wer unterhält sich schon mit so einem Penner!

Weinfreunde leben an Johanni gefährlich

In einem Dorf bei Bremen lebte vor vielen hundert Jahren ein Knecht, der liebend gern Wein trank.

Aber wo sollte er Wein herbekommen? – Selbst wenn ihm eine Flasche Wein angeboten worden wäre, er hätte sie sich nicht leisten können.

Doch eines Tages hörte er in einem Gespräch zwischen zwei Frauen, dass in der Nacht auf Johanni Wasser in Wein verwandelt werde.

Da sah er nun eine Chance, sich endlich einmal an Wein zu betrinken.

Die Frage war aber, was man sagen musste, wenn man zum Wasser ging, um das Wasser in Wein zu verwandeln.

Denn ohne Zauberspruch ging ja im Mittelalter so gut wie gar nichts.

Er sagte sich: »Och Mensch, ich versuche es einfach mal! Der liebe Gott wird mir schon die richtigen Worte zuflüstern.«

Ob man aber mit dem lieben Gott rechnen kann, wenn man sich betrinken will. Diese Frage stellte sich der Knecht nicht.

Er ging also in der Nacht auf Johanni zum Wasser, bückte sich und sagte: »Johanni zwischen zwölf und eins verwandelt sich das Wasser in Wein.«

Es ist nicht ganz klar, ob er das Wasser getrunken und Wein geschmeckt hat. Er hat darüber nie gesprochen.

Klar ist aber, dass hinter ihm einer stand, der hielt ihm die Augen zu und sagte: »Deine Augen gehören nun mir!«

Von dieser Sekunde an konnte der Knecht nicht mehr sehen.

Tod bringende Äpfel

In einem kleinen Haus am Neustadtsdeich in Bremen wohnte vor langer Zeit eine arme Familie. Mutter, Vater und vier Kinder.

Das jüngste Kind in dieser Familie war ein kleiner Junge. Er mochte wohl um die sechs oder sieben Jahre alt sein.

Dieser Junge, der normalerweise ganz brav und immer gehorsam war, ging eines Tages auf den Markt in der Altstadt und nahm einer alten Frau, die auch in der Neustadt wohnte, heimlich vier Äpfel aus einem Korb.

Die Äpfel sahen aber auch sehr verführerisch aus.

Und weil er sich nicht beherrschen konnte, aß er einen der Äpfel sofort auf. Die anderen nahm er mit nach Hause, um sie dort brüderlich zu teilen.

Seine Mutter aber schimpfte mit ihm.

»Ich habe dir immer gesagt, dass du nicht stehlen darfst – und jetzt hast du es doch getan!«

Sie nahm ihm die Äpfel weg, legte sie in einen Korb, der an der Wand hing, und nahm sich vor, der alten Frau, die sie flüchtig kannte, die Äpfel wiederzugeben.

Des Nachts jedoch wurde der Junge krank. Er litt unter großen Schmerzen. Und als der Tag begann, schloss er für immer die Augen.

Im Verlauf des Tages jedoch bemerkte die Familie, die um den Jungen weinte, dass sich der Korb an der Wand bewegte.

Die Frau nahm den Korb von der Wand und schaute hinein.

Sie fand in ihm nur die Schalen der Äpfel und drei hässliche Kröten.

Da wussten alle in der Familie, dass der Junge das Opfer einer Hexe geworden war.

Der Mann mit dem rohen Garn

Die Frau eines Kapitäns im Stedingerland litt an einer merkwürdigen Krankheit, mit der die Ärzte nichts anfangen konnten.

Am Tage fehlte ihr nichts. Das Gleiche galt für die Dunkelheit. Sobald aber das Licht angezündet wurde, kam es bei ihr zu Krämpfen und zu einer Übelkeit, die sich bald als lebensbedrohlich erwies.

In dieser Situation sprach sie beiläufig mit einem Fahrensmann, der vor einiger Zeit in Bremen gewesen war. Er erzählte ihr, dass er dort von einem weisen Mann gehört hatte, der in der Lage sei, ungewöhnliche Krankheiten zu heilen.

Die Frau schickte einen Boten, der mit der Nachricht aus Bremen zurückkam, die Kapitänsfrau sei allergisch gegen Feuer. Außerdem habe der weise Mann versucht, die Macht des Feuers zu brechen.

Tatsächlich blieb am Abend, als Licht in der Stube des Kapitänshauses gemacht wurde, das Übel aus, und alle wunderten sich sehr darüber.

Einige Jahre dachte niemand mehr an ihr Leiden.

Doch von einem Tag zum anderen kehrte es verstärkt zurück. Daraufhin beschloss die Frau, selbst nach Bremen zu fahren, um sich Rat bei dem weisen Mann zu holen.

Doch bevor es dazu kam, wurde sie von Tag zu Tag schwächer.

Schließlich musste sie auf das Boot getragen werden, das sie nach Bremen bringen sollte, und ihre Begleiter befürchteten schon, dass sie unterwegs sterben werde.

Doch bereits im Einflussbereich der Stadt Bremen ging es der Kapitänsfrau besser.

In Bremen ging sie ohne fremde Hilfe von Bord und geradewegs zu dem weisen Mann, der am Markt wohnte.

Der Mann guckte sie an. Danach zog er dreimal ein Stück rohen Garns über die Kranke und sprach jedes Mal:

Dat Gode geit der doer,

dat Leepe (das Schlimme) blifft der voer.

In diesem Augenblick wurde die Kranke gesund und ist es auch geblieben.

Mittel gegen Zahnweh

Einmal unterhielt sich der Pastor Georg Trevianus (1788–1868) von St. Martini, der unter anderem die Innere Mission, die Bibelgesellschaft und den Jünglingsverein gegründet hatte, mit seinem Kollegen Johann Melchior Kohlmann (1795–1864) aus Horn, der der Stadtbibliothek zwölf Bände mit Manuskripten überlassen hat, über den Ursprung des Namens Töferbohmstraße.

Die Töferbohmstraße – manche Leute wissen das vielleicht gar nicht – verband die Faulenstraße mit dem Wall. Und das ist auch heute noch so. Im Übrigen hieß die Straße früher einmal Töverboomstrate, wobei man sagen muss, »töver« heißt im Mittelniederdeutschen »Zauber«.

Aber im Mittelniederdeutschen gibt es auch einen »tover-boom«. Dabei handelt es sich um einen Zuberbaum. Das ist ein Baum oder eine Stange, die durch zwei ringförmige Halter, die sich an einem hölzernen Gefäß befinden, gesteckt werden, damit das Gefäß von zwei Leuten getragen werden kann.

Es versteht sich, dass die beiden gelehrten Herren den Namen der Straße hin- und herwendeten.

Pastor Trevianus vermutete, dass die Straße ihren Namen tatsächlich einem Baum verdanke, der eben kein gewöhnlicher Baum sei, sondern ein Zauberbaum.

Kohlmann nahm das schließlich hin, weil ihm, ehrlich gesagt, auch nichts Besseres einfiel.

Später aber hörte er, dass sich in der Neuenstraße, die ja die Töferbohmstraße kreuzt, nach dem Glauben des Volkes ein Baum befinde, der tatsächlich über Zauberkräfte verfüge.

Seine Späne nämlich seien gegen Zahnweh zu gebrauchen.

Voraussetzung allerdings sei, dass man die Späne nach der Zahnbehandlung wieder zum Baum zurückbringe.

Ob Kohlmann dem Zauber geglaubt hat, ist nicht bekannt. Als Mann der Kirche stand er jedem Zauber schon von Berufs wegen skeptisch gegenüber.

Vielleicht hat er auch nie unter Zahnschmerzen gelitten, so dass er keinen Grund hatte, den Zauber auszuprobieren.

Eine alte Frau verunstaltete ein Baby

Eine alte Frau mit schiefer Nase trat am Wall an ein Kindermädchen heran und lobte mit übertriebenen Worten die Wohlgestalt des Babys, das im Kinderwagen lag.

Dem Kindermädchen war das überhaupt nicht recht. Sie schob den Wagen weiter, ohne sich weiter um die Alte zu kümmern.

Da trat ein Mitglied der Schildwacht, der Zeuge des Vorganges gewesen war, auf das Mädchen zu und machte es auf die Veränderungen im Gesicht des Babys aufmerksam.

Und in der Tat: Das Kind verdrehte die Augen, die Gesichtszüge verzerrten sich und von Minute zu Minute wurde es immer schlimmer.

Das Kindermädchen war verzweifelt.

Aber der Stadtsoldat machte dem Mädchen Mut.

Er sagte: »Das Kind ist zwar verhext, aber das ist nicht schlimm. Geh zum Markt. Dort wohnt eine Frau in einem Keller. Sie wird das Kind wieder in Ordnung bringen.«

Das Kindermädchen folgte dem Rat des Stadtsoldaten. Sie eilte zum Markt und kam dort so rechtzeitig an, dass die Frau keine Mühe hatte, den Unglücksfall wiedergutzumachen.

Gesche Meyerdierks hörte ein Klopfen

Es gibt ja immer wieder so merkwürdige Zeichen.

Denken Sie an Gesche Meyerdierks, die nachts davon aufwachte, als es an ihr Fenster klopfte.

Sie rief: »Ja!«

Aber keiner antwortete.

Ein paar Nächte später klopfte es genauso wieder an ihr Fenster.

Sie rief wieder: »Ja!«

Und diesmal war es einer aus der Nachbarschaft.

Gesche Meyerdierks öffnete das Fenster, und der Nachbar sagte, dass eben sein alter Vater gestorben sei.

Die Totenfeier wird vorbereitet

Ob das nun in der Steffensstadt gewesen ist oder im Schnoorviertel, das weiß kein Mensch mehr. Es war jedenfalls im alten Bremen. Die Leute, um die es hier geht, hießen Meinken.

Sie lebten ganz normal. Doch eines Tages fingen bei ihnen die Tassen und das andere Geschirr an zu klappern.

Gelegentlich sprangen sämtliche Türen auf, was sich kein Mensch erklären konnte.

Nur der Opa schüttelte bedenklich den Kopf.

»Was ist, Opa?«, fragten die anderen.

Und Opa sagte: »Wenn das man nicht ein schlechtes Zeichen ist. Ich glaube, einer von uns muss sterben.«

»Ach, Opa!«, riefen die anderen. »Wer soll sterben? Wir sind doch alle gesund und munter.«

»Der Tod kommt auch zu den Gesunden und zu den Munteren!«, sagte Opa.

Er gab den anderen den Rat, alles für eine Totenfeier herzurichten.

Nicht alle im Haus fanden diese Idee gut. Aber einige eben doch.

Die Frauen reinigten das Haus, wuschen das Geschirr ab. Auch kochten sie das eine oder andere, denn ohne Essen und Trinken gibt es keine Totenfeier.

Sehen Sie, und es dauerte nur ein paar Tage, da starb die Hausfrau, die eben noch guter Dinge gewesen war. Sie hatte am meisten für die Totenfeier gearbeitet.

Wenn ein Hund heult, dann stirbt jemand

Eine Familie saß abends in der Küche am Tisch. Dabei wurde über alte Zeiten gesprochen.

Plötzlich aber heulte draußen auf der Straße ein Hund.

Die Oma guckte besorgt und sagte: »Irgendwo in der Nachbarschaft stirbt demnächst ein Mensch!«

Die Enkelkinder bekamen eine Gänsehaut und einer fragte: »Oma, woher weißt du das?«

»Das ist eine alte Geschichte«, sagte die Oma. »Meine Eltern hatten mal einen Hund. Der guckte einmal aus dem Loch des Hühnerstalles und heulte gottserbärmlich. Dabei stierte er unentwegt auf ein Nachbarhaus.«

»Und was ist danach passiert?«, fragten die Enkel.

»Nun, eine Woche später ist im Nachbarhaus der alte Opa gestorben, obwohl ihm nichts gefehlt hat. Der ist immer noch mit aufs Feld gegangen und hat gearbeitet für zwei.«

Ja, und nun hört mal zu, was in der Straße passiert ist, in der eines Abends ein Hund heulte.

Kurz nachdem nämlich der Hund geheult hatte, sagen wir mal, zwei Tage später, kamen die Enkelkinder mit der Nachricht nach Hause, dass der Opa Behrmann, den sie alle so gern leiden mochten, weil er immer neue und spannende Geschichten zu erzählen wusste, über Nacht gestorben war.

Auch ihm hatte nichts gefehlt.

Seitdem zogen sich die Enkelkinder immer die Decke über die Ohren, wenn sie abends oder nachts einen Hund heulen hörten.

Wenn der Holunder im Herbst blüht

Es mag wohl in Seehausen gewesen sein. Genaues weiß man nicht mehr.

Doch eines wird erzählt: Irgendwann in einem Herbst blühte der Holunder in einem Garten.

Es war ein sonniger Herbst, doch für den Holunder war es beim besten Willen keine Blütezeit.

Daraufhin sagte die Mutter des Hauses: »Ich bin sicher, im Dorf wird irgendjemand sterben!«

Daraufhin ging sie zum Melken.

Ihre Tochter aber, ein junges Ding von 19 Jahren, nahm ganz schnell eine Harke, zog die Zweige des Holunderbaumes nach unten und riss alle Blüten ab. Da blühte der Holunder nicht mehr.

Als die Mutter nach Hause zurückkam, nahm sie die Veränderungen zur Kenntnis.

Doch sie zog ein skeptisches Gesicht, schüttelte den Kopf und sagte: »Deine Mühe war vergeblich. Denn der Holunder hat geblüht, ob man es nun sieht oder nicht.«

Am Abend ging die Tochter zum Melken.

Da kam eine alte Frau hinter ihr her, die im Dorf bekannt war für ihre Weissagungen.

Sie meinte zu der jungen Deern: »Hast gesehen? Der Holunder hat in eurem Garten geblüht. Bald wird im Dorf einer sterben.«

Wenn das Mädchen nun geantwortet hätte: »O Gott, o Gott, das kann doch gar nicht angehen«, ja, dann hätte das Mädchen sterben müssen.

Aber es hat es nicht gesagt.

Es hat der alten Frau geantwortet: »Die Jungen können wohl sterben. Aber im Allgemeinen holt sich der Tod zuerst die Alten!«

Mit diesen Worten hatte sie die alte Frau getroffen. Denn die ist tatsächlich ein paar Tage später gestorben.

Das Zeichen auf dem Dach

Eines Abends, es war schon sehr spät, ging ein Bauer in Seehausen durch das Dorf.

Er hatte sich ein bisschen zu lange im Krug aufgehalten – wie das so ist, wenn man mit seinen Nachbarn über die schlechten Zeiten spricht.

Mitten im Dorf erblickte der Bauer auf einem Haus ein merkwürdiges Bild. Er sah Kranz und Schleier, eine Wiege und einen Sarg.

Du hast zu viel getrunken, dachte er.

Er schloss seine Augen, öffnete sie wieder, guckte ... doch das Bild war geblieben. Kranz und Schleier, Wiege und Sarg.

Am nächsten Tag erzählte er einem Nachbarn, was er gesehen hatte.

»Dumm Tüch«, sagte der andere. »Du hast zu tief ins Glas geschaut, dann kommt so etwas dabei heraus.«

Der Bauer dachte: Er mag recht haben. Ich muss künftig etwas weniger trinken.

Doch dann passierte es Schlag auf Schlag.

Der Jungbauer in dem Haus, auf dem das ungewöhnliche Bild zu sehen gewesen war, heiratete Hals über Kopf eine Bauerstochter aus Hasenbüren.

Kurz darauf gebar die junge Frau des Jungbauern ein Kind. Neun Monate hatte das junge Paar nicht warten wollen.

Und wenige Tage nach der Geburt des Kindes, es war ein Junge, starb die alte Oma des Hauses – ganz überraschend, denn sie war noch ziemlich rüstig gewesen.

Der Bauer aber, der das Bild auf dem Dach des Hauses gesehen hatte, bekam eine Gänsehaut.

Man hat ihn nie wieder im Krug gesehen.

Der Mann, der dreißig Jahre verschwand

Am Stadtrand von Bremen, es muss wohl in Walle gewesen sein, wo ja in der Vergangenheit so viele unerklärliche Dinge passiert sind, saßen eine Frau und ihr Mann spätabends noch am Herdfeuer beisammen. Sie unterhielten sich über dieses und jenes und kamen auch auf den Tod zu sprechen und was danach sein werde.

Ihre Gedanken darüber waren vielfältig.

Die Frau, die eine regelmäßige Kirchgängerin war, hielt sich an die Worte des Pastors, der erst unlängst über den Tod gesprochen hatte.

Der Mann war sich nicht sicher, was er glauben sollte.

»Woher«, fragte er, »soll der Pastor das wissen?«

In diesem Augenblick aber hörte er ein Klopfen an der Tür.

Er sagte: »Es hat geklopft!«

Sie antwortete: »Ich habe nichts gehört. Wer sollte auch nach Mitternacht bei uns klopfen? Alles liegt in den Betten und schläft!«

»Dann habe ich mich wohl verhört«, meinte der Mann.

Doch nach einer Weile hörte er wieder ein Klopfen.

Es war ihm, als riefe ihn jemand.

»Hast du das nicht gehört?«, fragte er. »Es hat jemand nach mir gerufen!«

Und sie sagte: »Nein! Ich habe wirklich nichts gehört! Ich fürchte, dass dir deine Phantasie nach unserem Gespräch einen Streich gespielt hat.«

»Nein, nein«, sagte er. »Ich habe es deutlich gehört.«

Er ging an die Tür, öffnete sie, horchte hinaus.

Es war nichts. Kein Laut. Kein Geräusch.

Er trat vor die Tür und ...

Die Frau horchte nun ihrerseits, hörte aber nichts.

Danach ging auch sie vor die Tür.

Es war niemand da.

Auch ihr Mann war verschwunden.

Die Nacht war nach wie vor still. Nichts war zu hören. Auch keine Schritte.

Sie rief ihren Mann.

Doch sie bekam keine Antwort.

Sie sah und hörte ihn nicht.

Er kam an diesem Abend nicht wieder. Auch an den nächsten Abenden nicht.

Die Tage vergingen. Wochen. Monate. Jahre. Die Frau stand allein.

Es waren dreißig Jahre vergangen.

Eines Abends saß sie wie immer ganz allein in ihrer Küche am Herdfeuer.

Sie dachte an ihren Mann, und das Herz ward ihr schwer.

Vom Dom her schlug die Glocke. Es war Mitternacht.

Da klopfte es an die Tür.

Sie hielt den Atem an. Wer sollte um diese Zeit bei ihr klopfen?

Es klopfte zum zweiten Mal.

Gleichzeitig aber öffnete sich die Tür und vor ihr stand – ihr Mann.

Sie sprang auf und war nicht in der Lage, ein Wort hervorbringen.

»Was ist mit dir? Warum guckst du mich so merkwürdig an?«, fragte der Mann.

Er meinte: »Ich bin nur zur Tür hinausgegangen, weil ich meinte, irgendjemand rufe nach mir. Aber es war eben doch nichts. Denn es ist alles still in unserer Straße.«

Sie aber sprach: »Mann, du bist so bleich und hast ja ganz weiße Haare. Wo bist du bloß in all den Jahren gewesen?«

»Ich weiß von gar nichts«, antwortete er. »Und wenn du sagst, ich sei weiß. Guck dich mal an. Du siehst aus, als ob du achtzig wärest – und das innerhalb von wenigen Sekunden.«

Es dauerte eine Weile, ehe sie ihrem Mann hatte begreiflich machen können, dass er dreißig Jahre nicht zu Hause gewesen war.

»Dreißig Jahre«, sagte er. »Ich weiß nicht, wo ich die ganze Zeit gewesen bin.« Und er seufzte: »Die Zeit holen wir nicht wieder ein.«

Aber sie lebten noch viele Jahre zusammen, und sie genossen jede Sekunde ihres gemeinsamen Lebens.

Doch wo er in den dreißig Jahren gewesen war, das hat er, trotz allen Überlegens, keinem Menschen sagen können. Er wusste es nicht und er hat es nie erfahren.

Und wir wissen es auch nicht.

Leichenzug auf dem Wall

Ein paar Bremer Jungs, so um die vierzehn, fünfzehn Jahre alt, trieben sich eines Sommerabends auf dem Wall herum.

Sie machten keine schwerwiegenden Dummheiten, wie das heute so üblich ist. Sie waren ausgelassen – in allen Ehren, versteht sich.

Plötzlich aber zeigte einer der Jungen laut schreiend dorthin, wo sich heute der Theaterberg erhebt.

Die anderen Jungen blickten auf und sahen einen langen gespenstischen Leichenzug auf sich zukommen.

Und was das Fürchterliche war: Alle Teilnehmer des Leichenzugs waren kopflos. Sogar die Pferde.

Und als diese Erscheinung dicht an ihnen vorüberkam, hörten die Jungs ein klatschendes Geräusch, das ihnen Angst machte.

Tatsächlich sahen sie, wie ihr Freund, der den Spuk zuerst wahrgenommen hatte, sich die Wange hielt und taumelte.

Seine Freunde brachten ihn so schnell es ging nach Hause. Dort wurde er ins Bett gesteckt.

In derselben Nacht ist er gestorben.

Der feurige Wagen

Nicht alle Geschichten, die am Herdfeuer erzählt wurden, hatten eine Pointe.

Denken Sie an den alten Harmsen.

Der setzte eines Abends zu einer Geschichte an, die seinen Großeltern passiert war.

Harmsen erzählte: »Als bei uns noch das alte Haus stand, das meine Großeltern bewohnt haben, da ist nachts ein feuriger Wagen durch die Luken gefahren, Und alle, die das sahen, sagten, dass da noch etwas folgen werde.«

Und als nun alle auf das Ende der Geschichte warteten und am Munde des alten Harmsen hingen, zog der ein etwas betroffenes Gesicht und gestand: »Was dann aber folgte, das – kann ich nicht sagen. Ich war ja nicht dabei.«

Manchmal macht man sich unnützen Kummer

Der Schlachtfuhrmann, der auf einem Hof unweit von Gröpelingen wohnte, hatte sich in ein hübsches Mädchen verguckt. Und weil das Mädchen seine Liebe erwiderte, beschlossen die beiden zu heiraten.

Das war eine große Freude in der Verwandtschaft. Alle begrüßten diese Verbindung und mit Segenswünschen wurde schon vor der Hochzeit nicht gespart.

Es war zu erwarten, dass die Hochzeit mit großem Pomp gefeiert wurde. Die Gäste fühlten sich wohl. Und alle tranken einander zu.

Irgendwann im Laufe des Abends kam das Gespräch auf die Zukunft des jungen Paares. Es war wohl keiner da – so schien es jedenfalls – der eben diese Zukunft nicht in den rosigsten Farben gemalt hätte.

Aber es gibt ja immer wieder Spielverderber.

Einige alte Weiber unter den Gästen, die es entweder dem wohlhabenden jungen Mann nicht vergessen konnten, dass er nicht ihre Tochter geheiratet hatte, oder die irgendeinen anderen Beweggrund zu Hass und Neid haben mochten, schüttelten skeptisch den Kopf. Und als sie gefragt wurden, was sie denn an den guten Voraussagen auszusetzen hätten, wollten sie zunächst nicht mit der Sprache heraus.

Doch weil die Gesellschaft sie drängte, sprachen sie von bösen Träumen, die sie gehabt hätten, und in denen das Paar nicht gerade auf Rosen gebettet zu sein schien.

»Ich will ja nichts sagen«, meinte eines der alten Weiber, »aber ich glaube nicht, dass die beiden glücklich werden!«

Das hörte die Braut. Sie wurde wehmütig und machte ein trauriges Gesicht.

Der Bräutigam aber durchschaute den Zauber. Er lachte und versuchte, seine Braut zu trösten.

Einige der Verwandten aber unkten: »Na ja, möglich ist alles.«

Und eine Tante meinte: »Die alten Weiber haben schon manches vorausgesagt, was dann auch tatsächlich eingetroffen ist.«

Die Seele der jungen Frau wurde von Schreckensbildern der trostlosesten Zukunft erfüllt.

In dieser Stimmung begleitete sie auch die Verwandten, die sich zeitig verabschiedeten, um das Elend nicht weiter ansehen zu müssen, zur Tür.

Am Ende fing die Braut jämmerlich zu weinen an.

Doch in diesem Augenblick ertönte auf der Straße das Rasseln eines Wagens, der lustig daherfuhr.

Die ganze Gegend war erleuchtet von einem hellen fröhlichen Schein. Und als der Wagen vorüberrollte, erkannte man deutlich, dass es ein mächtiges feuriges Wagenrad war.

Da lachte der Bräutigam aus fröhlichem Herzen.

Er rief: »Das ist ein günstiges Vorzeichen! Wir wollen uns das Leben nicht durch die alten Weiber vergrämen lassen. Wir wollen es so nehmen, wie es kommt!«

Und es kam gut.

Das Geschäft des Mannes hatte einen erfolgreichen Anfang und einen noch besseren Fortgang.

Wohlstand stellte sich ein.

Zahlreiche Kinder und Kindeskinder erfüllten das Haus mit Leben und erheiterten den Lebensabend des glücklichen Paares.

Merke: Man soll nicht immer alles glauben, was die Leute so daherreden.

Wenn das Klopfen immer näher kommt

Wenn an Winterabenden der Wasserkessel auf dem Herd summte und Mudder sich vorbereitete, einen Punsch zu brauen, dann schöpfte die Frieda Bädeker des Hauses aus ihrer Erinnerung.

»Denkt euch«, sagte sie, »ich habe einen Mann gekannt, der wusste, dass er sterben werde.«

»Wir alle müssen sterben«, sagten die jüngeren Familienmitglieder, obwohl sie sich das noch gar nicht vorstellen konnten, dass auch sie einmal am Ende ihres Lebens stehen würden.

Oma Bädeker war auf solche Bemerkungen gefasst. Sie sagte: »Dieser Mann aber konnte verfolgen, dass der Tod immer näher kam!«

»Und wie hat sich das gezeigt?«, fragte einer der Enkel.

»Am Klopfen!«

Und das ist die Geschichte:

Eines Abends begann es an der Wand der Kammer des Mannes zu klopfen. Am Fußende seines Bettes.

Der Mann wusste nicht, was er davon halten sollte.

Von draußen konnte keiner klopfen. Wer etwas von ihm wollte, hätte an die Scheibe geklopft.

Das Klopfen stellte sich immer wieder ein. In unregelmäßigen Abständen.

Zunächst am Fußende seines Bettes.

Aber dann verlagerte sich das Klopfen.

Es kam immer näher.

Da ging der Mann zu einer weisen Frau, und die sagte: »Das Klopfen ist der Tod!«

»Wieso der Tod?«, fragte der Mann.

»Der Tod kommt immer näher zu uns – zu Ihnen, zu mir, zu allen. Ob er klopft oder nicht klopft. Bei Ihnen klopft er. Wenn das Klopfen Ihr Herz erreicht hat, werden Sie sterben.«

Und weil der Mann nun wusste, dass er sterben musste, bereitete er sich darauf vor.

Er regelte seine Siebensachen.

Und wenn er abends ins Bett ging, lauschte er dem Klopfen, bis ihm die Augen zufielen.

Der Mann machte sich ein angenehmes Leben, wie es ihm irgend möglich war.

Er ärgerte sich über nichts, war freundlich zu allen, werkelte in seinem Garten und war guter Dinge.

Es vergingen viele Jahre.

Der Mann hatte sich längst an das Klopfen gewöhnt.

Eines Abends aber klopfte es lauter als sonst, und es klopfte unmittelbar unter seinem Herzen.

Da wusste er, dass seine Zeit gekommen war.

Er zog sich seine Decke über den Kopf und schlief friedlich ein.

Am nächsten Morgen war er tot.

Gefahr beim Eieressen

Das Leben steckt voller Gefahren.

Nehmen Sie nur die Sache mit den Eiern.

Die Alten erzählen: »Wenn man ein Ei gegessen hat, soll man die Schalen immer gleich entzweidrücken.

Auf keinen Fall darf man sie heil wegwerfen – und schon gar nicht ins Wasser, wo sie treiben können. Das wäre das Schlimmste, was man machen kann.

Denn dann können andere daraus trinken. Und eben in dem Augenblick sind sie ihre Krankheit los, von der sie geplagt worden sind. Aber der, der das Ei gegessen hat, wird dann von dieser Krankheit geplagt.«

Woher die Alten das wussten, haben sie nicht erzählt.

Und wie das Ganze funktionierte, das kriegten sie auch nicht mehr zusammen.

Aber wem sie das erzählt haben, der hat sich daran gehalten und fortan immer die Eierschalen zerdrückt. Denn Vorsicht ist die Mutter der Porzellankiste.

Trunkenheit und Hochmut sind die Feinde der Bremer Saake

Also, ein Mensch ist die Bremer Saake nicht.

Wenn Sie so wollen, ist sie ein grauenhafter Spuk, ein mitternächtlicher Unhold, von einer Größe zwischen Kalb und Hund.

Aber Genaues weiß man nicht, weil man in der Dunkelheit nur die Augen der Bremer Saake erkennen kann. Und die sehen aus wie glühende Kohlen.

Das Scheusal, das träge in irgendeiner dunklen Ecke hingestreckt liegt, wartet nur darauf, dass ein argloser Passant die Straße herunterkommt.

Mit Blitzesschnelle schwingt sich die Saake dann auf den Rücken des Passanten und reitet den Unglücklichen, bis er zu ersticken droht oder bewusstlos niedersinkt.

Im Übrigen hat die Bremer Saake größere Gewalt nur über unsolide und leichtsinnige Menschen. Die Vernünftigen und Gerechten brauchen sich nicht zu fürchten. Dennoch sollten auch sie sich in Acht nehmen.

So mancher Gerechte, der in ruchlose Gesellschaft geriet und seine Zunge nicht im Zaum hielt, sondern in die gottlosen Reden seiner Genossen einstimmte, musste hinterher bitter büßen.

Jeder in Bremen kannte einen rechtschaffenen Bürger, der die Saake kennen und fürchten gelernt hatte.

Meistens waren es Leute, die aus der Weinschenke des Schüttings oder aus dem Ratskeller kamen, wo sie lustiger und guter Dinge gesessen, und auch wohl ein Glas Wein zu viel getrunken hatten – das kann ja schon mal passieren.

Auf dem Nachhauseweg aber spürten sie plötzlich eine zentnerschwere Last auf ihren Schultern.

Sie konnten sich kaum aufrecht halten. Häuser wie Straßen fingen an zu tanzen und drehten sich im Kreis. Die bedauernswerten Leute verloren die Richtung und wussten nicht mehr wohin, während ihnen der Schweiß in Strömen von der Stirn rann.

Meistens verloren sie die Besinnung, bis sie von einem Nachtwächter aufgerichtet wurden.

Und wenn sie sich dann umsahen, stellten sie fest, dass sie sich in fünf Stunden keine zwanzig Schritte vom Weinkeller entfernt hatten.

Ach ja, man sollte vielleicht auch an den Schneidermeister erinnern, der in der Knochenhauerstraße wohnte.

Das war an sich ein herzensguter Mann, ein bisschen weich und keineswegs mutig, was ihn allerdings sehr störte.

Er gab sich deswegen als ein Haudrauf aus und führte große Reden, in denen er sich als Ritter ohne Angst vor Tod und Teufel darstellte. Dabei leerte er so manches Glas Wein – selbst dann, wenn es ihm gar nicht mehr schmeckte und überhaupt nicht bekam.

Nun gab es Männer, aller Ehren wert, die unseren Freund aus der Knochenhauerstraße durchschaut hatten.

Sie nahmen sich vor, ihm die Großsprecherei und den Hochmutsteufel auszutreiben.

Beiläufig sagten sie zu ihm, nachdem er mal wieder kräftig gezecht und dummes Zeug geredet hatte: »Mein Lieber, pass auf, dass dich die Saake nicht erwischt!«

Er aber lachte darüber.

Und als er eines Abends wieder einmal über den Durst getrunken und über die gesitteten Leute gespottet hatte, fragte er seine Zechgenossen zu mitternächtlicher Stunde: »Freunde, was haltet ihr von der Saake, vor der ich von einigen von euch gewarnt worden bin.«

Der Name Saake, zu mitternächtlicher Stunde ausgesprochen, schien einen höchst Angst einflößenden Eindruck auf die Gesellschaft zu machen. Sogar dem Schneider selbst lief eine Gänsehaut über den Rücken – allein, der Name war gefallen.

Einer der drei Zechkumpanen, die den Schneider von seinem Hochmut heilen wollten, erzählte: »Meine Großmutter hat mir sonderbare Dinge über die Saake erzählt, die ich aber lieber für mich behalten werde, zumal wir noch alle vier diese Nacht über die Straße müssen und niemand wissen kann, was ihm begegnen mag. Ich schlage vor, wir schweigen über die Saake, denn wir wollen den Teufel nicht an die Wand malen.«

Sein Freund meinte: »Vor menschlicher Kraft fürchte ich mich nicht. Aber in diesem Fall dürfte ein inbrünstiges Gebet die beste Waffe sein.«

Der Dritte sagte gar nichts, sondern zog ein ängstliches Gesicht.

Der Schneidermeister aber schob höhnisch die Unterlippe empor, sah kopfschüttelnd von einem zum anderen und meinte: »Was seid ihr bloß für Memmen, tragt einen Degen und zittert vor Furcht, wenn ihr nur an die Saake denkt.«

Er sagte noch einiges mehr und die drei anderen gaben sich beschämt.

Sie blieben auch nicht mehr lange, sondern verließen die Schenke.

Der Held allerdings trank noch ein Glas Wein, wischte sich den Mund und sagte beim Hinausgehen zum Wirt: »Vor der Welt gilt gar mancher für einen Mann. Aber der rechte Held muss sich bewähren in der Gefahr, wie im Feuer das Gold.«

Am nächsten Abend aber stand unser Held im Rampenlicht.

Er saß wieder in der Schenke und musste immer wieder von dem Abenteuer erzählen, das ihm in der vergangenen Nacht widerfahren war, nachdem er die Schenke verlassen hatte.

Und während er mit großer Geste das Erlebte Revue passieren ließ, traten zwei der drei Herren ein, denen er am Abend zuvor Vorwürfe wegen ihrer Feigheit gemacht hatte.

Er winkte sie herbei und sagte: »Wäret Ihr gestern Abend mit mir fort gegangen, so hättet Ihr an meinem Beispiel lernen können, wie sich ein unverzagtes Gemüt zu verhalten hat in der Stunde der Gefahr.

»Habt Ihr die Saake gesehen?«, fragten die beiden.

»Lasst es Euch erzählen!«, schlug der Schneider vor.«

Und er begann: »Denkt Euch, in dem Augenblick, als ich gestern Abend in die Knochenhauerstraße einbiege, tritt mir ein Männchen in den Weg, ein Zwerg, nicht höher als der Tisch, redet mich mit verstellter Stimme an und bittet mich um meinen Degen. Natürlich habe ich das abgelehnt und ging meiner Wege. Doch plötzlich vergrößerte sich der Zwerg und nahm die Gestalt eines abscheulichen Riesen an. Er kam mir vor wie der Leibhaftige. Ich aber ging beherzt auf ihn los, Schlag auf Schlag, Stich um Stich. Der Kerl stieß ein entsetzliches Geheul aus. Doch ich stach ihn ins rechte Bein, woraufhin er, vom Schmerz gefoltert, entwich. Er schwang sich in die Lüfte, griff noch nach meiner Perücke und dann entschwand er meinen Augen, die Perücke in der Faust, meinen Degen im Bein.«

Kaum hatte der Schneidermeister das Wort geendet, da erhob sich einer der beiden Herren, die er gestern verspottet hatte. Er ging hinaus, kehrte aber nach einer kleinen Weile zurück und sagte: »Wisst Ihr was? Der Riese steht mit Degen und Perücke draußen vor der Tür!«

Drinnen wurde es still.

Alles schaute ängstlich zum Eingang.

Herein aber trat der Dritte im Bunde, der etwas kleinwüchsig war.

Er hielt die Perücke und den Degen in Händen und sagte: »Beides habe ich in der vergangenen Nacht einem feigherzigen Schafskopf abgenommen!«

Daraufhin brachen alle in schallendes Gelächter aus, nur der Schneider senkte den Kopf und wurde von Stund an ein anderer Mensch.

Wie sich die Bremer Saake in einen Ziegenbock verwandelte

Ein Bewohner der Großenstraße verbrachte seine Abende in einem Weinkeller an der Schlachte und dabei führte er das große Wort.

Er spottete mit Vorliebe über die Religion. Doch sein Lieblingsthema war die Saake, von der er mit großer Geringschätzung sprach.

Eines Abends aber saß er verstört an seinem Platz, und selbst der Wein wollte ihm nicht schmecken.

Als man ihn fragte, was denn los sei, gab er zu, dass er etwas zu großsprecherisch gewesen sei. Jetzt jedenfalls wisse er, dass es Dinge zwischen Himmel und Erde gebe, die der Mensch mit seinem schlichten Verstand nicht begreifen könne.

Und ganz zittrig begann er zu erzählen: »Als ich gestern Abend über den Stephanskirchhof ging, hat sich plötzlich etwas auf meine Schulter gelegt. Ich habe mich erschrocken umgesehen und blickte in die feurigen Augen der Saake. Die Saake hatte einen langen Bart und große Hörner. Nur ein inbrünstiges Gebet hat mich aus den Klauen der Saake gerettet. Doch hat sie immer noch so viel Gewalt über mich gehabt, dass sie mir einige Stöße mit ihren Hörnern in den Rücken versetzte. Doch ich konnte schnell wegrennen.«

Nachdem er seinen Vortrag beendet hatte, wunderte er sich sehr, dass alle Anwesenden in ein lautes Lachen ausbrachen.

Der Lohgerber hinter dem Kirchhof hatte kurz vor dem Eintreten des von der Saake Geschädigten die Gesellschaft mit den Späßen unterhalten, die sein Ziegenbock am Abend vorher getrieben habe.

Der Bock sei aus seinem Stall ausgebrochen und habe alle Leute auf dem Kirchhof und in der Nachbarschaft in der Dunkelheit mit seinem Übermut erschreckt.

Das Großmaul aus der Großenstraße war von dieser Zeit an geheilt.

Endzeit

In einem Dorf bei Bremen lebte ein Knecht, der war fleißig und ordentlich.

Aber er hatte eine seherische Begabung: Er sah immer Wagen ohne Pferde und Schiffe ohne Segel. Jedesmal sagte er: »Wenn es so weit ist, dass die Menschen Wagen ohne Pferde und Schiffe ohne Segel benutzen, wird es einen großen Krieg geben.«

Aber die Leute haben ihm das nicht geglaubt.

Sie fragten: »Wie soll das denn gehen? Wagen ohne Pferde und Schiffe ohne Segel?«

Das wusste der Knecht nicht zu beantworten.

Einer von den Leuten aber, die ihm zuhörten, erinnerte sich, dass es schon mal einen Alten gegeben habe, von dem hieß es, er habe das zweite Gesicht.

Auch der habe erzählt, er hätte Wagen ohne Pferde gesehen.

Und der prophezeite: »Wenn es so weit ist, wird es keine fünfzig Jahre dauern, und es wird ein großes Unglück über die Menschen kommen.

Das deckt sich in etwa mit dem, was eine alte Frau aus Hasenbüren vor mehr als 200 Jahren gesagt hat.

Auch sie hatte das zweite Gesicht und schon manches vorausgesagt, was dann auch eingetroffen war.

Sie ging in ihrer Vorausschau noch einen Schritt weiter.

Sie sagte: »Eines Tages werden die Wagen ohne Pferde fahren und dann ist es nicht mehr weit bis zum jüngsten Tag.«

Quellen

Adam von Bremen: Bremer und Hamburger Kirchengeschichte von 787–1072, Reprintausgabe mit einer Einführung von Wilhelm Tacke, Bremen 1987

Carl, Helmut: Kleine Geschichte Polens, Gütersloh um 1960

Dietsch, Walter: Der Dom St. Petri zu Bremen, Bremen 1978

Francke, Rosemarie, Heinz-Gerd Hofschen, Martina Käthner, Jörn Schaper: Bremen und seine Stadtteile; herausgegeben vom Focke-Museum und Weser-Kurier, Bremen 2003

Kloos, Werner und Reinhold Thiel: Bremer Lexikon, Bremen 1997

Lindow, Wolfgang: Plattdeutsches Wörterbuch, herausgegeben vom Institut für niederdeutsche Sprache, Leer 1984

Lübben, August, und Christoph Walther: Mittelniederdeutsches Handwörterbuch, Darmstadt 1995

Peuckert, Will-Erich: Bremer Sagen, Göttingen 1961

Rausch, Ursula: Island, Freiburg im Breisgau 1987

Schwarzwälder, Herbert: Das Große Bremen-Lexikon, Bremen 2003

Schwarzwälder, Herbert: Geschichte der Freien Hansestadt Bremen, Bremen 1995

Spreckelsen, Heinrich von: Verschollener Wortschatz aus Bremens Vorzeit, Clausthal-Zellerfeld 1997

Wagenfeld, Friedrich: Bremen's Volkssagen, neu ediert und mit Erläuterungen versehen von Bernd Ulrich Hucker, Bremen 1996

Weitere Titel von Hermann Gutmann:

Bremer Bräuche
ISBN 978-3-86108-156-2   7.90 €

Bremer Freimarkt
ISBN 978-3-86108-170-8   8.90 €

Bremer Geschichte(n)
ISBN 978-3-86108-158-6   8.90 €

Bremerhavener Erinnerungen
ISBN 978-3-86108-166-1   8.90 €

Bremerhavener Geschichte(n)
ISBN 978-3-86108-157-9   7.90 €

Der Bremer Weihnachtsmarkt
ISBN 978-3-86108-993-3   8.90 €

Der Ratskeller zu Bremen
ISBN 978-3-86108-191-3   12.90 €

Ehe-Geschichten
ISBN 978-3-86108-152-4   8.90 €
Auch als Hörbuch, ISBN 978-3-86108-994-0   9.90 €

Felix, seine liebe Frau Moritz und andere Leute
ISBN 978-3-86108-167-8   8.90 €

Felix und die alltäglichen Dinge
ISBN 978-3-86108-150-0   5.00 €

Geschichten aus dem Radio
ISBN 978-3-86108-159-3   9.90 €

Geschichten aus dem Schnoor
ISBN 978-3-86108-161-6   8.90 €

Gute Besserung!
ISBN 978-3-86108-197-5   9,90 €

Gute Reise
ISBN 978-3-86108-998-8   9.90 €

Hafen Geschichte(n)
ISBN 978-3-86108-195-1   9.90 €

Hamburg schmunzelt
ISBN 978-3-86108-190-6   9.90 €

Hamburger Geschichte(n)
ISBN 978-3-86108-198-2   9.90 €

Hat's geschmeckt?
ISBN 978-3-86108-153-1   8.90 €

Kieler Geschichte(n)
ISBN 978-3-86108-990-2   9.90 €

Kohl-und-Pinkelgeschichten
ISBN 978-3-86108-175-3   9.90 €

Lauter kleine Unterschiede
ISBN 978-3-86108-991-9   9.90 €

Mit vollem Munde spricht man nicht
ISBN 978-3-86108-151-7   5.00 €

Opa-Pflichten
ISBN 978-3-86108-155-5   8.90 €

Roland mit de spitzen Knee
ISBN 978-3-86108-154-8   8.90 €

Roland schmunzelt
ISBN 978-3-86108-350-4   8.90 €

Roland und seine Brüder
ISBN 978-3-86108-173-9   9.90 €

Sagen aus Bremerhaven und umzu
ISBN 978-3-86108-348-1   8.90 €

Sagen und Geschichten aus Bremen
ISBN 978-3-86108-163-0   8.90 €

Sagen und Geschichten aus Bremen-Nord
ISBN 978-3-86108-164-7   8.90 €

Sagen und Geschichten aus Hamburg
ISBN 978-3-86108-349-8   9.90 €

Schmunzelgeschichten
ISBN 978-3-86108-165-4   8.90 €

Seemannsgeschichten
ISBN 978-3-86108-172-2   9.90 €

Verdener Geschichte(n)
ISBN 978-3-86108-196-8   8.90 €

Weihnachtsgeschichten
ISBN 978-3-86108-168-5   9.90 €

Wenn Ostern und Pfingsten auf einen Tag fallen
ISBN 978-3-86108-171-5   8.90 €

Wenn wir unsere Oma nicht hätten
ISBN 978-3-86108-193-7   8.90 €

Worpsweder Geschichte(n)
ISBN 978-3-86108-169-2   9.90 €

Das ideale Geschenk
für alle Liebhaber
des »Bremer Kishon«

Das Große Hermann Gutmann-Buch –
seine besten Geschichten in einem Band.
240 Seiten, mit zahlreichen farbigen
Illustrationen von Peter Fischer.
Limitierte Auflage!

ISBN 978-3-86108-174-6   24.90 €

*»Hermann Gutmann ist berühmt für
seine spitze Feder und seinen
generationsübergreifenden Humor«*
Weser-Kurier, 2004